오직
하나뿐

오직 하나뿐

첫 번째 찍은 날 2017년 9월 7일
두 번째 찍은 날 2017년 12월 28일

지은이 _ 웬델 베리
옮긴이 _ 배미영
펴낸이 _ 이명회
펴낸곳 _ 도서출판 이후
편집 _ 김은주
표지 디자인 _ 박진범
본문 디자인 _ 이수정

등록 _ 1998. 2. 18(제13-828호)
주소 _ 경기 고양시 일산동구 호수로 358-25(백석동, 동문타워 II) 1004호
전화 _ 대표 031-908-5588 편집 031-908-3030
전송 _ 02-6020-9500
http://blog.naver.com/ewhobook

ISBN 978-89-6157-092-3 03300

이 도서의 국립중앙도서관 판시도서목록(CIP)은 e-CIP 홈페이지 http://www.ni.go.kr/
cip.php)에서 이용하실 수 있습니다.(CIP 제어번호: CIP2017021466)

오직
하나뿐
Our Only
World

할아버지 농부 웬델 베리가 들려주는
열 편의 에세이

웬델 베리 지음 | 배미영 옮김

이후

그들의 존재로 우리 켄터키 주의 의회를 영예롭게 하고,
그들의 친절함으로 나를 영예롭게 만들어 준
아래의 선한 동반자들에게 이 책을 바칩니다.

리자 애버트

채드 베리

테리 블래턴

더그 도어펠드

브랜던 굿윈

릭 핸드슈

존 헤넌

사일러스 하우스

제이슨 하워드

베벌리 메이

미키 맥코이

마틴 머드

매트 머리

케빈 펜츠

허브 E. 스미스

로라 스미스

스탠리 스터길

타냐 터너

패티 윌리스

차례

1장 /

간추린
생각들

2010

생명체를 기능에 따라 분석하려 드는 과학에서는 기관, 세포, 심지어 아주 작은 입자까지 나눈다. 도대체 왜 그렇게 하는 것인지, 우리는 그 행위에 담긴 보이지 않는 의도까지 알아야 한다.

물론 이 실제로 존재하는 지식의 가능성과 유용함은 나도 알고 있다. 그러나 동시에 이 유용한 지식이 얼마나 좁은지, 유용함을 얻는 대신 어떤 것을 잃어야 했는지도 또한 잘 알고 있다.

이런 지식은 한편으로는 분명 진실이지만, 그 진실이란 것은 극히 일부에 불과하며 또한 완벽하지도 못하다.

───────

내가 생각을 하고 행동을 하는 동안에는, 나는 내 생각과 행동에 근거하여, 사람들의 삶을 건강하게 하고 생태계를 건강하게 유지하는 데 분석적인 과학 같은 지식이 필요하다는 모든 주장에 반대할 것이다.

전문가라는 사람들은 정말로 자기들이 일상생활에서 그런 지식에 따라 행동한다고 믿는 걸까? 그런 것 같지는 않다.

분석적인 과학에 따르면 전체는 각 부분이 일시적으로 합해진 큰 덩어리일 뿐이다. 그렇게 본다면 산도 마찬가지다. 시장에 내다 팔기에 적합하지 않은 물질들이 운 나쁘게 마구잡이로 뒤섞인 '자원' 덩어리일 뿐이다.

사실 안다는 것과 믿는다는 것 사이에는 원래부터 심각한 차이가 있었다. 지구가 돈다는 건 누구나 다 안다. 그러나 정확히 말하면 우리는 '해가 뜬다'고 믿는 것일 뿐이다. 사람들은 증거를 통해, 믿을 만한 방법으로 증거를 입증한 사람들에 대한 믿음을 통해 안다. 때로는 이성에 의해 믿도록 설득 당하기도 한다. 하지만 엄청난 양의 경험에 비춰 볼 때 이성은 제한되어 있고 허약할 뿐이다. 어떤 의미에서 우리는 무언가를 '봄'으로써만 믿게 된다. 우리는 뚜렷한 것, 마음으로 상상하거나 '그려 볼 수' 있는 것, 진짜라고 느낄 수 있는 것, 마음이 인정하는 것, 직접 겪어 본 것, 그리고 어쩌면 그 무엇보다 이야기로 들은 것을 믿는다.

우리가 부분을 볼 수 있기 때문에 그것을 믿는다는 것은 확실하다. 보는 행위가 없다면 부분 그 자체로는 아무 가치가 없다는 뜻이다. 그래서 「창세기」에 있는, "사람이 혼자 있는 것은 좋지 않으니"*라는 대목은 옳다. '혼자'라는 말은 말 자체로 모순이다. 뇌만 혼자 따로 있다면 그것은 죽은 뇌다. 따라서 혼자인 인간도 죽은 인간이라 할 수 있다.

이렇게 말할 수도 있을 것이다. 우리가 믿는 것도 아는 것도 오류일지 모른다고.

흔히 인간은 동물일 '뿐'이라고 알고 있다. 그렇다고 말하기도 한다. 또 그렇게 알고 있다고 생각하기도 한다. 하지만 우리는 아이들에게 특별히 인간의 미덕에 대해 가르친다. 그것은 분명

* 「창세기」 2장 18절.

인간이 '그저' 동물일 수는 없다고 믿기 때문이다.

　지식과 믿음에 대해서 마음속에 자꾸 의문이 생긴다. 그렇다면 믿음과는 별개로 우리가 알 수 있는 것은 없단 말인가? 이런 의문은 「욥기」 19장 25절 "그러나 나는 알고 있다네, 나의 구원자께서 살아 계심을. 그분께서는 마침내 먼지 위에서 일어서시리라."처럼, 비단 종교 문제에만 해당되는 것은 아니다. 사랑이나 공감, 용서 같은 우리 가족과 이웃의 평범한 동기에도 해당되는 의문이다. 사랑, 공감, 용서 같은 동기는 다 결정되어 있다고 믿는 사람들, 그리고 선택과 문화, 교육과 훈육의 결과라고 믿은 사람들은 같은 지식을 갖고 있는 것일까? 성스러움, 이 세상의 고유한 가치, 창조물을 믿는 사람들, 그리고 시장 가치만을 믿는 사람들은 같은 지식을 갖고 있는 걸까? 지식이 얼마나 다른지 재거나 입증하지 못한다면 그것만으로도 내가 말하려는 것은 증명된 셈이다. 의심하는 이도 있을 것이다. 그러나 우리에게는 분명 동물 이상의 것이 있다.

　지금은 인간의 몸을 해부해 내부 구조를 하나하나 분리된 원자*처럼 다 알고 이해하지만, 그래도 우리는 아이들의 전체를 사

---

* anatomy, '해부'와 '분리'에 해당하는 영어는 같다.

랑하고 또 가르친다. 또 아이들의 온전함wholeness, 다시 말해 아이들의 건강을 지키기 위한 책무도 기꺼이 받아들인다. 이것은 이리저리 쪼개고 나누어진 의료 산업에 간단히 넘겨줄 수 있는 책무가 아니다. 아무리 치료를 위한 것이라 하더라도 말이다. 산업 의학 분야에서 말하는 치료는 인간의 몸을 상품으로 만든다. 시장 가치가 있는 것들만 뽑아낸다. 그런 뜻에서 치료는 치유가 아니다. 치유는 사람을 온전하게 만드는 것이다. 이념적으로 치료를 해야 한다거나 아니라거나, 의학적으로 고칠 수 있다거나, 고치는 데 돈이 얼마나 든다거나 하는 것이 절대 아니다.

이것은 농업, 임업, 광업 같은 경관landscape 산업에도 마찬가지로 해당한다. 농업, 임업, 광업이 일단 산업화를 거쳐 버리면 기업은 더는 경관을 하나의 **온전한 전체**로 인식하지 않는다. 그러니 인간과 동물이 거주하는 지역에 대해서는 더 말할 나위도 없다. 자연은 착취 산업의 자원으로 간주될 뿐이며 기업은 자연에 대한 관심도 신경도 '효율적'으로 벗어 던져 버렸다.

인류가 그렇게 된 것은 정신과 몸이 나뉘어졌기 때문이다. 그러면서 정신적인 면만 중요하다고 하는 사고방식, 곧 대부분 청교도주의로 극단화되었다. 그래서 자연, 그리고 인간을 포함한 여러 창조물들이 다정하게 이어질 수 있는 육체적 기반을 잃고,

공감 능력도 잃어버렸다. 청교도주의를 높이 보는 현실은 얼핏 이해하기 어렵다. 유물론의 비호를 받지 못했다면 불가능한 일이었겠지. 유물론자들은 물질성에 궁극적인 가치를 부여하지 않았다. 물질적인 것을 기계적인 것으로 추상화한 뒤, 육체적이고 실제적인 속성을 없애 버리는 합리적인 방법을 선택했다. 추상화의 과정을 통해 물질적인 것을 기계적으로 바꾸었고, 또 하나, 금전적인 방향으로 추상화가 되었는데, 금전적인 방향은 다시 말해 '살림', 즉 오이코노미아oikonomia라는 실제 경제와는 정반대인 소위 돈의 경제 쪽을 말한다. 어느 쪽으로 갔든 그 결과는 동일하다. 즉 외형상으로는 유물론인 과학산업주의 문화는 유물론적 현실에 대한 일종의 근본주의적 경멸에 이른다. 그리하여 일상의 세계는 죽은 물질로 취급당하고, 그 세계의 가치는 오로지 '시장'에 의해서만 결정된다.

현실에 대한 이런 경멸감은 사람들에게 더 깊이 파고들었고, 또한 매우 정치화되었다. 영성만을 중시하는 종교가 현실에 대해 갖는 경멸감과 더해지면서 파괴력은 엄청나게 커졌다. 그 파괴력은 이미 현실에서 힘을 발휘하고 있었다. 그러니 누구도 몰랐다는 것은 말이 안 된다. 육체를 잃은 정신이 무너지고, 절제를 잃게 된 과정을 아무도 이해할 수 없었다는 것 또한 변명일 따름이다. 시인 윌리엄 버틀러 예이츠는 이런 기도를 올렸다.

"신이시여 인간이 머리로만 하는 사고에서 나온 생각으로부터 저를 지켜 주옵시고……."[*]

예이츠는 1916년에 이런 글도 남겼다.

"우리가 유일하게 믿을 수 있는 생각은 머리가 아니라 몸 전체로 떠올린 생각이다."[**]

예이츠는 같은 글에서 '사상의 기계적 귀결'이라며, 앞날을 내다보는 듯한 구절도 남겼다.

필립 셰러드Philip Sherrard가 그리스 시인 앙겔로스 시켈리아노스Anghelos Sikelianos에 대해 쓴 글은 더 노골적인 사례다.

"시켈리아노스는 당대의 서구 세계가 삶에 중요성과 아름다움을 부여해 주던 원칙들로부터 차츰 소외되고 있으며, 통제를 벗어나 버린 기계의 상태에 접근하고 있고, 파괴를 향해 내달리고 있다고 보았다. (…) 삶에 대한 유기적인 감각은 무수한 파편으로 뿔뿔이 흩어져 버렸다. (…) 순전히 기계적이고 아무 쓸모도 없는 암기 과정을 극단적으로 요구하는 교육 체계는 젊은 세대의 육체와 영혼의 자발적인 움직임을 모조리 빨아들이는 결과를 가져왔다."[***]

[*] 「노년을 위한 기도」
[**] 에즈라 파운드·어니스트 레놀로사 지음, 『일본 희곡집Certain Noble Plays of Japan』 서문.
[***] 『그리스의 상처The Wound of Geece』, 72, 74쪽.

시인이자 비평가인 존 크로우 랜섬john Crow Ransom의 지적도 좋은 예가 될 것이다. 랜섬은 전문가 체제가 문제라며 좀 더 직접적으로 비판을 했다. 랜섬은 전문가 체계가 청교도주의와 다를 바 없다고 얘기했다.

"경험을 하나하나 분리하여 각각 이용해 볼 수도 있을 것이다. 그랬을 경우 최선의 결과는 그렇게 작게 분리한 경험을 차례대로 취해 본 뒤 그 과정이 다 끝나면 하나도 놓친 것이 없다고 믿는 것이 될 것이다. 그런데 만일 한 가지 작은 경험에 너무 빠져 버리면 다른 경험으로 나아가는 것을 잊어버리게 되고, 결국 정해진 과정을 마치지 못하는 최악의 결과를 얻을 수도 있다. 한 가지 기능을 완벽하게 수행하는 것을 탁월하다고 보고 사회 구성원들에게 철저한 전문가가 될 것을 요구하는 그런 사회는 어떤 경험을 놓친다고 해서 특별히 손해 볼 것이 없다고 생각한다."[*]

더구나 지금 쓰인 어휘를 제대로 들여다보면 다음과 같은 것을 알 수 있다. 그리스어 어원에서 '해부anatomy'는 '절개dissection' 란 뜻이며, '분리analysis'는 '풀다to undo'라는 뜻이다. 해부니 분

---

[*] 『세계의 몸The World's Body』, 71쪽.

리니 하는 것은 근본적으로 같은 뜻이다. 해부란 말도 분리
란 말도 형식적 통합을 염두에 두지 않는다. 이 두 말의 반대말
로 가장 적당한 어휘는 역시 그리스어에서 빌려온 말, **포이에시
스**poiesis다. 만들기, 창조라는 뜻을 가진 이 말은 시인과 작곡가
와 장인의 작업을 뜻한다. 분석가와 해부학자의 작업과는 필연
적으로 정반대가 되는 말이다. 그러니 과학자 중에는 시인이라
불러도 좋을 이들이 있다고 본다.

그러나 사람들은 부분을 어떻게 결합할지, 관심사를 어떻게
배우고, 또 어떻게 가르칠지에 대해서는 잘 모른다. 확실히 사람
들은 부분을 전체로 만드는 법을 제대로 배우지도, 제대로 가
르치지도 못한다. 그 점은 우리가 이미 전체인 것으로 당연하게
받아들이는 것들의 형식적 통합성을 보존하는 방법에도 마찬가
지로 해당된다.

관심도 없고 방법도 모르면 보존을 위해 노력해도 허사가 될
것이다. 필수 연결고리와 인간과 자연의 한계를 제대로 인식하
지 못하면, 규모와 형식의 문제는 아무 의미도 없고 우리의 의
식 속으로 들어오지도 못할 것이다.

인간의 정신이 효율적이고 해를 끼치지 않는 규모의 일에 맞

는다고 믿는다. 또한 모든 결과에 책임질 수 있고, 파국적인 놀라움을 가져오지 않을 규모의 일도 있다고 믿는다. 하지만 이러한 가능성에 인간은 들뜨지 않는다.

인간을 들뜨게 하는 건 말하자면 기술혁신 같은 것이다. 화석연료 혁명, 자동차 혁명, 조립라인 혁명, 항생제 혁명, 성 혁명, 컴퓨터 혁명, '녹색 혁명', 유전체 혁명이니 하는 것들 말이다. 하지만 이런 혁명들은 하나같이 사람들이나 국가가 반드시 '사야만' 하는, 팔 물건들을 가지고 있다. 그리고 이 혁명들은 인류 역사에 있어서 어쩌면 진정 유일하게 혁명적이었던 혁명의 소소한 예일 뿐이다. 그것은 바로 산업혁명이다. 산업혁명은 시작부터 오직 두 가지 목적만 수행해 왔다. 사람을 기계로 대체하는 것, 그리고 무슨 쓸모가 있든 무슨 효용이 있든 제품을 최고가로 '시장에 내다 파는 것', 그리하여 가능한 극소수에게 최대의 부를 집중하는 것이 바로 그 두 가지 목적이다.

산업혁명은 지금까지는 사실상 견제도 좌절도 거의 없이 그 목적을 성취했다. 내가 '지금까지는'이라고 한 이유는 산업혁명의 최대 약점이 바로 '천연자원'이라고 부르는 것에 의존하고 있기 때문이다. 산업혁명은 '천연자원'이라 부르면서 지금껏 그것을 얼마나 개념 없고 무지막지하게 착취했으며 또 파괴해 왔던

가. 요컨대 산업혁명의 약점은 산업혁명이 일시적인 혁명이며, 앞으로 누릴 날이 얼마 남지 않았다는 점에 있다.

자연의 '자원'을 함부로 써 댔기 때문에 산업혁명은 결국 자연의 교정 작업에 무릎을 꿇게 될 것인데, 장차 이 일은 더욱 가혹해질 것이 분명하다.

인류는 특수화, 전문성, 경쟁 같은 것 위에 우리의 경제적이고 지적인 삶을 포함하는 현재의 삶을 형성했다. 학위나 자격증을 가진 똑똑한 사람들은 분석 작업을 통해 문제를 모조리 해결하고, 전체를 계속해서 작은 부분으로 나누었다. 과학과 산업은 합성에도 여지를 주었지만, 그렇다고 해서 예전에 분리해 놓은 것을 다시 합치기도 했다는 얘기는 아니다. 그저 '합성' 제품이라는 뜻일 뿐이다. 그들이 말하는 공학 기술이란 분해한 부품들을 폭력적인 방식을 통해, 이윤을 낼 수 있는 새로운 상품으로 만든다는 뜻이다. 매사 그런 상태라면 우리는 생태계와 농업과 음식과 건강과 약품(만일 치유를 뜻하는 '약품'이라면) 사이의 복잡한 연관성을 볼 수도, 의심할 수도 없음은 분명하다. 마찬가지로 우리는 인류 문화가 어떻게 이 복잡한 것을 담고 있는지, 어떻게 감당하고 있는지 모른다. 인간의 지식과 지성은 한계가 정해져 있다. 그러니 인류 문화에 이것들이 포함되는 것은 어쩌면 당연한 일이겠다.

인류는 어마어마한 '정보'를 축적해 왔으며 그것에 대해 '접근'도 가능하다고 본다. 하지만 이 정보라는 것에 접근한다고 해서 전부 지식이 되는 것은 아니다. 만약 계산을 해 볼 수 있다면 수천 년간 축적돼 온 인간 지식의 총량은 어느 정도는 비슷비슷하다는 것을 알 수 있다. 다시 말해 인간 지식의 총량은 늘 인간의 정신이 감당할 수 있는 수준에 머물렀으며 배우는 동시에 항상 망각이 이루어졌다는 얘기다. 르네상스를 맞아들이기 위해서는 중세를 잊어야만 했다. 인간이 기계에 대해 배우는 만큼 식물과 동물에 대해서는 잊어버려야 했다. C. S. 루이스C. S. Lewis가 한 말로 기억하는데, '못 하나를 박으면 다른 못 하나는 빠져나와야 하는 법'이다.

과학자들, 그리고 인문과학을 부러워하고 선망하는 사람들이 제일 많이 놓친 것은 바로 과학이 산업혁명에 공모했다는 사실이다. 과학은 회의주의, 의심, 비판, 수정이라는 과학적인 견제책을 제시했을 뿐만 아니라 정유부터 핵폭탄, 컴퓨터, 독극물, 약품에 이르기까지 시장에 내놓을 수 있는 온갖 상품을 개발함으로써 과학혁명에 기여했다.

그리고 과학이 군산복합체에 부역했을 때 부패의 기성 시장에 얼마나 자주 이용당했는지는 정말 놀라울 정도다. 이 군산복합체야말로 아무런 가망 없는 보복의 논리나 의료 산업과 제약 산업 위에 단단히 기초하고 있는 산업이다. 또한 의료 산업과 제약 산업은 고통의 제거에도 근거하지만 탐욕과 건강 염려증, 아직 닥치지 않은 유인성 고통에도 근거하고 있는 산업이다. 유전체 전체 해독의 상업화도 마찬가지다. 과거 골상학이나 손금 보기와 마찬가지로, 미래에 대한 공포에 올라타고 있을 뿐이다.

과학과 산업이 가져온 산물 중에 가장 눈에 띄는 어떤 것이 소비자에게는 큰 비용을 안기지만 정부에는 권력을, 기업에는 이윤을 안겨 준다고 해 보자. 정부와 기업은 그 산물이 무엇인지 밝히는 것을 잠깐 미뤄 둬야 한다고 주장하지 않겠는가!

물론 신중하고 책임감 있으며 비판적인 과학자도 있다. 이들은 지나치게 많이 팔리거나 충분한 검사를 거치지 않은 제품은 위험할 수도 있다고 주장한다. 그러나 이런 경고는 거의 습관적이라고 할 정도로 무시당한다. 이들은 흔히 '독립 과학자'라고 불리는데, 여기서 '독립'이라는 말은 매우 중요하다. 왜냐하면 이 말은 도덕적인 덕목을 뜻할 뿐만 아니라 정치적으로 힘이 없다는 뜻이기도 하기 때문이다. 전문적인 지식에 특권, 부, 권력을 가졌으며 자기 의심과 자기비판 능력은 갖지 않은 자들을 소수의 '독립 과학자들'이 저지하기란 거의 불가능하다.

보통의 과학자들은 일반적인 인문주의자나 예술가와 마찬가지로 삶의 맥락과 장소, 공동체, 심지어 경제를 무시하는 산업주의자들의 습성이나 원칙을 받아들였다.

공포, 나약함, 무지, 잔학함, 질병의 자본화가 돈과 관련된 건 분명하지만 제대로 말했을 때 그것이 경제적이라고 할 수는 없다.

마취제나 면역제제나 항생제 없이 어쩌라는 말이냐는 질문 때문에 과학산업주의의 '발전'에 대한 비판을 주저할 필요는 없다. 물론 과학산업주의 발전에는 이로운 점이 있다. 당연히 혜택도 있다. 적어도 혜택을 입는 이들에게는 그러하다. 그러나 타당한 비판은 절대적 긍정이나 절대적 부정과는 거래하지 않는 법이다. 타당한 비판은 우리의 조건에 대해 정당한 설명을 하려고 하며, 기업의 이윤이나 경제성장이 아니라 더 일반적이고 신뢰할 수 있는 기준에 의거하여 불리함과 이로움을 비교하고 손실과 이익을 비교한다. 만일 (과학산업주의에 대한) 비판을 숫자로 계산해 본다면, 순수익이 나든 순손실이 나든 완벽한 회계와 있는 그대로의 순net결론을 목표로 삼는다고 할 수 있을 것이다. 우리가 분별 있게 살고, 고칠 건 고쳐 가며 살 생각이라면 타당하고 일반적인 비판을 해야 한다.

건강염려증, 죽음에 대한 공포, 지루함, 불만, 복수심, 탐욕, 태만, 어리숙함, 이 모든 것들은 이상적인 소비자의 특징이다. 수동적인 소비자가 능동적으로 정보를 제대로 알아 스스로를 방어할 수 있는 비평가가 되도록 가르치는 방법을 찾아낼 수 있을까? 있다 하더라도 요사이 제일 잘나가는 '교육가'나 '리더' 같은 이들이 주장하는 것처럼, 순수하고 기술적인 고용 교육은 아닐 것이다.

인간에게는 기술적이거나 전문적인 분석 능력이 있다. 이 타고난 분석 능력은 썩 괜찮은 것일 수도 있고 아닐 수도 있다. 그러나 타당하고 **일반적인** 분석 능력은 환경에 맞춰 일을 평가하는 능력일 것이다. 몸, 공동체, 생태계, 이런 환경의 건전성은 수행하는 일의 건전성을 입증해 줄 것이다.

2장

폭력의 상업화

2013

보스턴 마라톤 대회에서 테러*가 일어났던 날 『뉴욕타임스』에는 관타나모 수용소에서 11년도 넘게 수감 생활을 하고 있는 한 사람의 무기명 칼럼이 실렸다. 그는 기소도, 재판도 받지 않은 상태였다. 테러와 칼럼 수록이 같은 날 일어난 것은 순전히 우연이었지만 그렇다고 아무 상관이 없다고도 할 수 없다.

---

* 2013년 4월 15일, 미국 매사추세츠 주 보스턴에서 열린 보스턴 마라톤 대회에서 폭탄이 터져 3명이 죽고 180여 명이 다친 사건.

우리가 두 사건을 평가절하한다는 점에서 이 두 사건은 공통점을 지닌다. 우리는 그저 우리 편할 대로 인간의 삶과 그 삶이 기대고 있는 지구의 삶을 평가절하한다. 인간의 삶을 이다지도 값싸게 취급하는 태도와 그런 태도에 당연히 뒤따르는 폭력이야 말로 우리 시대를 지배하는 주제임이 분명하다. 폭력이 아무리 오래된 습성이라 해도 우리는 이것에 너무나 쉽고 너무나 재빠르게 기대 버린다.

애팔래치아 탄전coal field에서는 산과 숲과 수로, 그리고 거기에 깃들어 사는 인간의 서식지를 파괴하면서 석탄을 캔다. 이미 저질러진 파괴는 비용으로 계산하지도 않으면서 말이다. 군사 전문가들과 우리가 뽑은 공직자들은 안락의자에 앉아서 적과 적의 아이들을 리모컨 하나로 죽여 버린다. 관타나모의 감옥에서는 간수들이 굶주린 수감자들에게 폭력을 가하며 살아 있게 한다. 다른 환경이었다면 간수들은 그 수감자들을 죽여 버렸겠지만 이런 폭력을 일상적으로 자행하고 있다.

보스턴 마라톤 테러 사건? 대부분 그렇겠지만 나도 그 현장에 없었다. 거기 있었던 이들 중에 내가 아는 사람도 없다. 그러나 나는 뉴스를 듣고 매우 슬펐고 경악했다. 이러한 공포스러운 슬픔을 처음 느낀 것은 제2차 세계대전이었다. 그 뒤부터는 결국 익숙해지고 말았다. 하지만 되풀이될 때마다 슬픔은 더더욱 커진다. 폭력에 의지할 때마다 우리 인간이라는 종을 파괴하려는 싸움은 더욱 확대되고, 의무감에 희망을 품어 보려 애써 봐도 그런 노력조차 점점 힘겨워진다.

그 사건의 피해자들과 유족들에게 나는 깊은 동정심을 느낀다. 그들은 특정 대상을 목표로 하는 테러가 아니라 무차별 테러의 희생자가 되었다. 무차별 테러에서 발생한 특정인의 희생이라는 이 괴이함과 불가사의함은 테러로 인한 고통을 가중시킬 뿐이다. "왜 내가, 왜 내 가족이 이런 일을 당하는가?" 하는 고통 말이다. 내가 점점 더 공감하지 못하는 것은, 정부가 발표한 분노에 담긴 수사와 어조다. 관리들은 테러를 저지른 자에게 정의를 보여 주어야 한다고 외친다. 나도 그들이 체포되어 처벌받기를 바란다. 그러나 이 바람이 놀라움이나 순진한 분노의 어조로 표현되기를 바라지는 않는다. 이번 보스턴 테러 사건은 절대 특이하지 않았다. 드문 사건도 아니었고, 놀랍지도 않았으며, 새롭지도 않았다. 그 사건은 폭력의 상업화에 있어서 또 하나의 거래에 불과했다. '눈에는 눈'이라는 논리로 끝없이 주고받는, 영원히 끝나지 않을 것 같은 거래 말이다. 이쪽도 저쪽도 늘 그렇듯이 이유가 있다. 그건 누구에게도 예외가 아니다. 게다가 맘에 들지 않으면 무엇이든 어디든 누구든 파괴하려는 의지가 우리에게는 충만하고, '명백한 운명'*을 타고났으니 더더욱 그러하다.

* Manifest Destiny, 19세기 미국의 영토 확장 이데올로기.

우리는 어떻게 보면 노예들이 '해방되었다'고 볼 수도 있는 남북전쟁을 영원히 영예로워한다. 하지만 그렇게 배웠다고 하더라도, '노예를 해방'시켰다는 북군이 무고한 민간인에게 군사적인 폭력을 행사할 수 있는 '권리'를 법으로 만들었고 미국 서부의 토착민을 전멸시킨 전쟁에서 바로 그 '권리'를 활용했다는 사실은 잊어버렸다. '인디언 전쟁'에서부터 오늘날 해외에서 자행하고 있는 '국토안보 전쟁'에 이르기까지, 미국의 역사를 아는 사람이라면 민간인과 그들의 자녀를 학살한 것을 이상하다고 여기지 않는다.

편리함, 그리고 우리에게 필요하다고 생각하는 것들 때문에 삶의 가치와 인간의 삶을 축소하는 것은 **절대** 가능하지 않다. 우리는 우리를 위한다는 명목으로 이런 것을 축소함으로써 모든 사람들, 우리의 적, 심지어 어린이와 마라톤 경기를 보러 간 이들조차 적으로 삼는 미치광이들의 삶과 가치까지 축소해 버렸다.

전쟁, 땅의 이용, 경제 '성장', '개발' 같은 여러 방식의 폭력이 이윤을 가져다 주기 때문에 우리 속에 확고히 뿌리를 내렸다는 것도 우리는 잊어버렸다. 서로에게, 혹은 이 세상을 친절하게 대하고 존중하면 우리는 부자가 되지 못한다. 이런 점이야말로 꼭 기억해야 하는 것 아닌가? 이 점을 우리에게 상기시켜 줄 단 한 명의 탁월한 지도자가 우리에게 있는가?

보스턴에서 그 끔찍한 테러가 일어난 다음 날 토머스 프리드

먼Thomas L. Friedman은 『타임스』에 이런 글을 실었다. "우리가 취해야 할 행동은 이러하다. 보도를 물로 씻어 내고 피를 닦아 내고 이런 만행을 저지른 자에게 알려야 한다. (…) 그들은 우리 사회와 우리 삶의 방식에 아무런 흔적도 남기지 못했다고. 이 사건을 떠올릴 그 어떤 흔적도 남겨서는 안 된다." 프리드먼이 도처에 남겨진 뚜렷한 증거를 무시하는 것은 참으로 충격적인데, 그는 자기가 한 말에 위배되는 말까지 했다. "열린 사회에서 살아가는 삶이 주는 이득은 비용보다 반드시 더 큰 법이다." 프리드먼은 이 말을 다른 누구도 아닌, 그 사건으로 사랑하는 사람을 잃은 이들과 영원히 자기 다리로는 일어설 수 없는 사람들에게 했다. 도처에 널려 있는 온갖 폭력의 흔적들을 프리드먼은 어떻게 그리 쉽게 없앨 수 있다고 생각한 것일까? 폭격당한 도시와 노천 광산과 깎여 나간 땅과 파괴된 삼림의 흔적을 어떻게 지울 수 있다는 말인가? 보스턴 테러 사건에서 사망한 이들은 더는 열린 사회에서 살지 못한다. **그들이** 어떻게 이득을 얻는다는 말인가?

프리드먼도 그러하고 다른 언론인들도 "얼마나 많은 이들이 즉각 도움을 주기 위해 **폭탄을 향해 달려왔는지**에 주목하라"고 한다. 그 말은 문제가 없다. 자신의 목숨을 걸고 타인을 돕기 위해 달려온 이들이 있음을 알면 위안도 되고 안심도 된다. 그러나 알아야 할 것이 있다. 폭력의 장소에 달려온 도움의 손길은 이미 과거에도 있었다. 당연히 도움도 되었다. 그러나 그것이 폭력의 해결책은 아니었다.

해결책은 있다. 물론 그 해결책은 폭력보다 몇 배는 복잡하고 더 어렵다. 평화로 가는 길이랍시고 전쟁을 일삼는 미친 생각을 넘어서고, 부유함으로 가는 길이랍시고 생물권에 영구적인 손상을 입히는 일을 넘어서는 것이리라. 인간이 초래한 여러 공포로 인한 고통을 덜기 위해 실제적인 도움이 되려면 우리는 경제적 삶, 공동체의 삶, 일, 즐거움에 대한 이해를 뿌리부터 고쳐야 할 것이다. 우리는 수천 명의 과학자와 수십억 달러의 돈을 쏟아 부어 소립자 수준으로 물질을 축소해 낸다. 또 외계 행성을 찾으러 떠나기도 한다. 그러나 경제와 자연 사이의 조화에는, 아니면 증오와 살육 앞에서는, 친선과 자비에 대해서는 도대체 얼마나 투자하고 있는가?

인간이 인간에게, 그리고 인간이 우리의 유일한 세계에 계속하여 폭력을 가하지 않고 인간의 욕구를 충족하는 법을 배우려면 어마어마한 지적 노력과 실천적 노력이 필요할 것이다. 인류의 역사가 끝나는 날까지, 모두가 계속해서 조금씩 힘을 보태야 할지도 모른다.

그러나 이런 일이야말로 진정 '인간'이라는 이름의 값어치를 할 만한 일이다. 그리고 이 일이야말로 정말이지 멋지고 아름다운 일 아니겠는가!

3장

숲의
대화

2012

생태계란 장소를 가리키는 말이면서, 동시에 그곳에 살고 있는 생명체가 한데 어우러져 삶을 이어가는 거대한 관계의 망을 일컫는다. 결국 생태계는 인생 그 자체처럼 매우 불가사의한 것이라는 말이다. 우리가 생태계에 대해 제대로 아는 것이라곤, 우리가 아는 것이 터무니없이 적다는 사실, 그리고 조심해야 한다는 사실뿐이다. 현재 인간은 우리가 얼마나 무지한지도 모를 정도로 무지하다. 그러니 최대한 짧은 시간 동안 최대한의 이윤을 얻기 위해 엄청난 힘과 속도로 대지에 인간의 의지를 마구 강요

해도 된다고 믿고 있다. 그리고 그렇게 하더라도 아무 대가를 치르지 않을 거라 생각한다.

산업주의적 농업과 임업은 오래도록 건강하게 유지될 수 있었던 비옥한 자연을 파괴한다. 지역 생태계가 오래도록 생산성을 유지하는 길 대신 눈앞의 금전적 이득을 선택한다는 뜻이다. 광업처럼 그렇게 갑작스럽지는 않다 해도 산업주의적 농업과 임업도 총체적인 파괴를 향해 치닫고 있다. 대부분의 환경 보존 단체 안건에 토지 **사용**은 올라 있지 않은데, 이 단체들은 토지가 늘 사용 또는 악용되고 있음에도, 처음부터 자연과 야생 동식물 서식지의 보전에 최우선의 관심을 기울여 왔다. 대지가 돈으로 계산되고 그 생산물에 값을 매기는 일이 잘못된 방식으로 오래 지속되다 보면 어떤 자연도, 어떤 야생 동식물도 살아남을 수 없다. 정부 또한 그 중요성이 점점 커지는 '토지 사용'에 집중하기보다는 정치나 돈벌이에 더 관심을 쏟는다. 땅은 점점 깎여 나가고, 독극물로 오염되고 있으며, 생태계는 퇴화하고, 지역 공동체는 파괴된다. 또 농경문화는 글로벌 소비자 문화로 탈바꿈한다. 이 모든 것이 토지를 어떻게 쓰느냐와 관계가 있다. 대학의 농업 관련 학과들의 막강한 힘은 대개 산업 기술과 기업형 농업을 장려하는 데만 집중적으로 쓰였다. 리버티 하이드 베일리, 러셀 스미스, 휴 해먼드 베넷, 알버트 하워드, 알도 레오폴드*처럼 땅을 이롭게 쓰자고 얘기했던 학자나 인물들은 무시당했다. 기업형 농업은 터무니없을 정도로 지배력을 획득하여 결국 '무경운' 농법**이 공식적인 토양 보존 기술로 인정받아, 토양을 오염시켜 토양을 '지키는' 농법이 되어 버렸다. 땅에 납작 엎드려 자라는 돈 안 되는 모든 풀은 '잡초'란 이름으로 죽여 버린다. 그러면서 '제초제 저항성'을 지닌 유전자공학 옥수수나 콩에는 '원상토'***를 넣어 준다. 몇 년 동안 경사지에 무경운 경작을 한 결과 심각한 토양 침식이 일어난 것은 무서운 결과 중 하나일 뿐이다. 연간 생산량 달성을 위해 인간적이고 자연적인 모든 것이 희생되고 있다.

내가 사는 켄터키 강 하류 근처, 숲이 가장 우거진 지역에도 이런 잘못된 일이 진행 중이다. 약 75년 동안 이곳의 삼림 지대

---

* 리버티 하이드 베일리(Liberty Hyde Bailey, 1858~1954)는 미국의 원예학자이자 식물학자다. 러셀 스미스(J. Russell Smith, 1874~1966)는 미국의 지리학자이며 환경지리학의 선구자다. 휴 해먼드 베넷(Hugh Hammond Bennett, 1881~1960)은 미국 토양 보전의 선구자다. 〈토양보전기구Soil Conservation Service〉를 설립했고, 이 기구는 훗날 연방 기관인 〈천연자원보전기구Natural Resources Conservation Service〉가 되었다. 알버트 하워드(Albert Howard, 1873~1947)는 영국의 식물학자이며 유기농법의 선구자다. 알도 레오폴드(Aldo Leopold, 1887~1948)는 미국의 생태학자이며 환경윤리학의 선구자다.

** no-till agriculture, 땅을 갈지 않고 농작물을 재배하는 농법을 일컫는다. 한국에서는 '무경운 농법'을 '자연농법'이라고도 하며 매우 긍정적으로 받아들였다. 그러나 이 책에서 저자는 이 농법을 부정적으로 설명한다. 한국식과 달리 미국의 무경운 농법은 제초제와 살충제를 많이 사용하기 때문이다. 미국의 무경운은 우리식 '자연' 농법이 아니라 제초제와 살충제를 많이 사용하는 방식인 것으로 보인다.

*** undisturbed soil, 토양의 구조를 파괴하지 않고 원상태로 유지하면서 채취한 시료.

는 사람들이 거들떠보지 않았던 덕분에 아슬아슬한 호사를 누렸다. 그러나 이제는 가혹한 개발 위기에 놓여 있다. 밭과 같은 신세가 된 것이다.

벌목이 어떻게 잘못된 방법으로 진행되는지를 상상하는 것은 조금도 어렵지 않다. 숲을 소유한 어떤 가족은 이렇게 말하면서 벌목을 결정했다.

"돈이 필요해요. 그러니 나무를 팔 수밖에요."

가족은 생각한다. '그래, 환경이 인기인 요즘 같은 때 돈이 되는 나무를 조금 잘라 파는 건 괜찮을 거야. 큰 나무를 판다 해도 아직 어린 나무들은 숲에서 계속 자랄 테니까 말이야. 그 나무들을 또 키워서 팔면 먹고살 걱정은 안 해도 될 테지.' 그러면서 벌목 회사에 '서 있는 목재'를 팔았을 것이다. 벌목 회사에서 나온 사람은 베어 낼 나무에 모두 표시를 했다.

그러면 벌목 회사가 고용한 벌목꾼과 나무를 실어 갈 기계 운전수가 대번에 들이닥쳐서 표시된 나무를 너무나 당연히 최대한 빨리, 다시 말해 최대한 값싸게 벌목하여 운반해 간다. 벌목 회사는 아무리 좋게 말해도 벌목 현장에 상주하지 않는 회사이며 이런 회사는 장기적 안목이 없는, 최단기 회사에 불과하다. 숲 주인 역시 별다른 생산 수단을 갖고 있지 않았으면서 그저 막연히 작은 나무를 '키워서 팔면 되지' 생각했다. 그게 허망한 생각이었다는 것은 곧 드러났다. 벌목 회사가 표시하지 않은 '서 있는 목재'들은 순전히 장애물로 간주될 뿐이다. 방향 유도* 벌목 방법에 대해 조금이라도 신경 쓰는 사람은 전혀 없다. 벌목 회사가 표시한 나무가 쓰러지면서 작은 나무 상당수가 부러지거나 영구적으로 기울거나 이런저런 식으로 손상을 입는다. 나무 길이만큼 커다란 목재를 숲에서 끌어내다 보면 바로 세우기도 하고, 기울이기도 해야 할 것이다. 그 과정에서 좀 더 키운 뒤에 팔려고 남겨 두었던 작은 나무들은 트랙터에 밟히고 벌목된 나무에 치이면서 상하고 만다.

그렇게 숲은 아수라장이 되어 버린다. 돈이 되는 목재에만 신경 쓰느라 누구도 숲에 대해서는 신경을 쓰지 않기 때문이다. 그런 지경이 될 때까지 경제적 관심사는 숲에서부터 시장에 내다팔 수 있는 '서 있는 목재'로 넘어가 버렸다. 그 목재의 **원천**이 바로 숲이라는 생태계인데도 말이다. 결과적으로 숲의 생태계와 장기적인 숲 경제 사이에는 중요한 차이가 없어져 버렸다. 이 심오한 관계를 망각하는 것은 숲이 완전히 망가지게 내버려 두는 것과 마찬가지다.

물론 내가 든 사례는 최악의 시나리오다. 그러나 토지 남용을 당연하게 받아들이거나 토지 남용에 관심을 갖지 않게 되면 시

---

* directional felling, 나무를 원하는 방향으로 넘어뜨리기 위해 나무가 쓰러지는 방향을 유도하는 작은 힌지hinge를 나무에 파 벌목하는 방식.

나리오로만 끝나지 않을 것이다. 땅을 어떻게 쓰느냐 하는 것을 글로벌 금융 시스템이 결정하게 되면 저 최악의 시나리오는 당장 현실이 되고 말 것이다. 내가 하고 싶은 말의 핵심은 바로 그것이다. 렉싱턴에 살고 있는 숲 생태 전문가인 윌리엄 마틴에게 물었다.

"켄터키의 숲 중에서 지속 가능한 숲의 비율은 어느 정도입니까?"

윌리엄은 "10퍼센트도 안 될 것"이라고 대답했다. 펜실베이니아 주의 삼림 감독관인 짐 핀리 역시 펜실베이니아 숲 가운데 지속 가능한 숲은 10퍼센트가 못 될 것이라고 말했다. 그러면서 '지속 가능한 숲'보다는 '건강한 숲'이라는 표현이 낫지 않겠느냐고 했다.

문제는 이것만이 아니다. 벌목 회사에서 벌목한 나무를 싣고 그 지역을 빠져나갈 때 지역의 목공소는커녕 어떤 곳에도 들르지 않고 주 바깥으로 빠져나가 버린다면 해당 지역은 아무 이득도 얻지 못한다. 실제로 종종 벌어지는 일이다. 이 또한 지역 공동체로서는 큰 손실이다.

미국 농무성과 랜드그랜트 농과대학*은 임업을 농업의 한 종

* land-grant college, 미국 모릴법Morrill Acts에 따라 연방정부의 원조를 받고 있는 대학.

류거나 한 갈래라고 보는 것 같다. 그렇게 생각하면 혼란이 올 수 있다. 그게 맞는지 진지하게 고민할 일이다. 예를 들어 보자. '수확harvesting'이라는 말을 '벌목logging'이라는 말과 같이 쓴다고 하면 어떻게 될까? 얼핏 보기에는 그저 단순한 은유처럼 들릴 수도 있다. 그러나 숲의 주인 입장에서는 절대로 은유가 아니다. 그들은 자기네 숲이 '수확'되기를 바란다. 슈퍼마켓에서 사 먹는 고기가 '살해'가 아니라 '처리'된 것이기를 바라는 것처럼 말이다. 그러나 '수확'(중세 때 '수확'은 '가을'이라는 뜻으로 쓰였다.)이라는 말은 가을에 잘 익은 곡식을 거두는 일을 뜻한다. 옥수수를 '수확'할 때는 팔 수 있고 먹을 수 있는 모든 열매를 거두는 것이 당연하다. 그러나 숲은 그런 식으로 '수확'해서는 안 된다. 물론, 몇 가지 예외는 있겠지만 말이다.

목초지나 건초지에서 볼 수 있는 풀과 잡초처럼 나무도 다년생이다. 그러나 매년 자라는 대로 한 번이고 두 번이고 계속 베어 낼 수 있는 풀이나 잡초와 **달리** 나무는 수백 년에 걸쳐 한 해 두 해 계속해서 자란다. 숲은 그 구성과 종 다양성이라는 점에서 나무보다 더 복잡하다. 목초지 관리를 배웠다고 숲 관리까지 제대로 할 수 있다고 생각하면 안 된다.

게다가 농업은 어느 정도는 지역의 생태계와 타협을 해야 한다. 특히 사람이 필요로 하기 때문에 농부는 자연 상태에서는 생태계가 절대 만들어 내지 않는 여러 식물과 동물을 농장에서 만들어 내기도 한다. 그러나 최고의 임업인forester은 숲 생태계가 숲의 본성에 따라 가장 좋은 것을 만들어 내도록 할 뿐이다. 그 첫 번째는 토종 나무다. 다양성이 적절히 확보된 숲 경제는 당연히 나무 이상의 것을 만들어 낸다. 건강한 숲은 건강한 땅, 깨끗한 물과 공기를 만들어 낸다. 그리고 자연계의 모든 생명이 건강하게 살아갈 수 있도록 돕는다. 숲이 타협하는 유일한 순간은 사람이 목재를 필요로 할 때나 숲에서 나는 다른 임산물을 가져가도록 허락할 때뿐이다. 그것도 임업인이 숲 생태계의 통합성, 지속 가능한 생산성을 파괴하지 않을 때만 허락한다.

숲을 소유한 이들은 가축을 키우는 농부들에게서 뭔가 배울 수도 있다. 비록 농부들이 임업에 대해서 아는 것이 거의 없다 해도 말이다. 제정신이라면 번식용 암소를 모조리 팔아 치우는 가축농은 없을 것이다. 암소를 잘 키워 다시 송아지를 낳을 수 있을 때까지 기다리는 것을 당연하다 여긴다. 하지만 숲을 소유한 사람들은 시장에 내다팔 수 있는 나무란 나무는 모조리 팔아 치워 버린다. 숲 주인이나 그들의 후손이 몇 년이 아니라 몇 세대를 기다려야 하는, 시장에 내다팔 수 없는 나무만 제외하고 말이다.

최고의 암소는 다 팔아 치우고 최고로 형편없는 암소만 남겨 번식시키려는 가축농이 있다면, 그리고 가축의 '혈통을 개선'하려는 노력 같은 건 할 생각도 없는 가축농이라면 그이를 정신이 제대로인 가축농이라고 할 수 있겠는가. 그런데 그런 정신 나간 짓을 하는 사람들이 있다. 숲에 사는 나무의 종을 개선한다면서 최상의 나무들은 팔아 치우고 가장 나쁜 것만 남겨 둔다. 무슨 생각이 있어서 하는 짓일 테니, 그런 짓을 하는 걸 생각 없는 행위라고 나무랄 수는 없겠지. 그러나 제정신이 아니라고는 할 수 있겠다.

나무를 베어 낼 때 가장 좋은 기준은 '도태'일 것이다. 임업인들은 이것을 '최악의 나무 한 그루 솎아 내기'라고 한다. 특정 지역의 나무를 하나하나 살펴보면서 나무가 지닌 가치, 건강 따위를 기준으로 평가한 뒤 상태가 나쁜 나무를 조심스레 베어 내는 것이다. 그렇게 하면 나뭇가지들이 서로 얽혀 만든 숲의 지붕에도 큰 손실이 없고, 큰 나무든 작은 나무든 나무들 자체에도 최소의 손상만 입을 것이며, 숲 바닥 또한 지켜낼 수 있다. 여기서 말하는 '상태가 나쁜 나무'란 병에 걸렸거나, 말라 죽을 것 같거나, 줄기 윗부분이 무거워지면서 기울었거나, 가지가 나무 밑동에 몰려 있거나, 줄기 모양이 고르지 않게 자라는 나무들을 말한다.

주장을 또렷하게 내세우려다 보니 좀 지나치게 단순화한 부분이 있다. 잠시 짚고 넘어가겠다. '가장 좋은' 나무들만 모아 둔 곳은 숲이라고 할 수 없다. 그건 숲이 아니라 육묘장에 더 가깝다. 건강한 숲에는 좋은 값에 팔리지 않을 나무, 시장에서는 별 인기가 없는 종류, 병에 걸린 나무, 죽어 가는 나무들이 반드시 같이 모여 있다. 그래서 우리가 상상할 수도 없는 다양한 생명체들이 그 숲에 깃들어 살 수가 있는 것이다. 천연림의 지속 가능성은 바로 거기에서 비롯된다. 훌륭한 임업인은 바로 이 점을 누구보다 잘 알고 있다. 그래서 숲 공동체에 사는 어떤 생명, 어떤 구성원에게도 관대하다. 그러나 경제학적 입장에서 따지면 아무 가치도 없다.

핵심은 이거다. 훌륭한 임업인이라면 돈의 기준이 아니라 생태계의 기준, 숲의 장기적인 이득을 기준으로 시장에 내다 팔수 있는 '서 있는 목재'들을 팔지 않고 남겨 두어야 한다는 것이다. 그런 나무들이야말로 건강하게 오래도록 잘 살아남을 것이고, 그 덕분에 숲은 최상의 생산성으로 보답할 수 있게 된다. 이것이야말로 간단하기 짝이 없는 산수다. 생각해 보자. 지름이 약 60센티미터인 나무가 일 년에 0.6센티미터씩 자란다고 해 보자. 상식적으로 지름이 15센티미터인 나무보다는 더 잘 자랄 것이 틀림없다. 잘 자란 거목은 작은 나무 여러 그루를 내다 팔았을 때보다 더 많은 목재를 제공할 수 있다. 이런 식으로 숲을 관리하면 10년, 15년, 또는 20년 간격으로 제대로 벌목할 기회를 얻게 된다. 벌목을 할 때마다 그 숲에서 얻는 목재의 품질은 더 높아질 것이고, 시장에서 반응도 더 좋아질 것이다.

이런 식으로 숲을 관리하는 사람은 매우 드물다. 그렇다고 완전히 새로운 방법도 아니다. 이미 4백 년도 더 전에 나온 얘기다. 알도 레오폴드의 책 『성모의 강*The River of the Mother of God*』에 수록되어 있는 에세이 「최후의 저항」(292쪽~293쪽)을 인용해 보겠다.

알프스산 북면에는 슈페사르트라는 활엽수림이 있다. 숲의 절반은 1605년부터 계속 잘려 나가기는 했으나 완전히 베어 낸 적은 한 번도 없었다. 나머지 반은 1600년대에 모조리 베어 냈으나 지난 150년 동안 집중적인 관리를 받았다. 그렇게 엄격하게 보호를 했지만 과거에 모조리 베어 버린 지역에서는 중급 수준의 소나무만 자랐고, 완전히 베어 내지 않은 지역에서는 섬세한 가구를 만들 수 있는 세계 최고 수준의 오크나무가 자랐다. 이 숲에서 나온 오크나무 한 그루는 나무를 베어 낸 땅 4천 평방미터보다 더 많은 가치를 가져왔다. 나무를 완전히 베어 버린 지역에는 쓰레기가 쌓이기만 하지 썩지는 않았다. 나무 밑동과 가지가 분해되는 속도나 자연 재생 속도 또한 매우 느렸다. 한편 나무를 완전히 베어 내지 않은 지역에서는 쓰레기가 떨어지자마자 분해되었고, 나무 밑동이나 가지는 금세 썩었으며, 생태계 순환도 자연스럽게 이루어졌다. 숲 관리자들은 나무를 몽땅 베어 낸 지역에서는 박테리아, 곰팡이, 균류, 곤충, 그리고 땅속에 굴을 파는 동물들의 숫자가 줄어들었기 때문에 문제가 생긴다고 보았다. 나무 한 그루가 살아가는 환경에서 이들 생물체가 하는 일은 거의 절대적이기 때문이다.

레오폴드가 말하는 '베어 냄'은 오늘날의 '싹 베기' 또는 '모두 베기[개벌皆伐]'*라는 뜻임에 분명하다. 이는 나무를 모조리, 완전히 잘라 냈다는 뜻이다. 이러한 '베어 냄'이 숲 생태계의 통합성을 파괴해 버린 것이다.

오늘날 우리가 '지속 가능한 농업'이라고 부르는, 올바른 토지 이용에 대한 생태학적 원리를 설명하는 문헌은 그 양이 상당하다. 그러나 지속 가능한 숲 관리에 대한 문헌은 매우 부족하다. 지속 가능한 숲 관리에 대해 배우려면 좋은 사례를 세운 본보기가 되는 숲을 한 곳 이상 잘 알아야 한다. 다행히 이미 출판물로 알려진 사례가 다소 있다. 아니면, 모범적인 벌목꾼이나 임업인들이 해 온 방식이나 작업을 연구하는 방법도 있다. 농업의 실수처럼 벌목의 실수도 산업경제와 자연 생태계가 점점 벌어졌기 때문에 생겨났다. 대부분의 토지 이용자들은 점점 더 산업 기술을 받아들이고 산업적인 방식을 취하기 때문에 생태계에 대해서는 아무것도 모르거나 아무 생각도 하지 않는다. 게다가 생태계를 우선으로 생각하는 사람들이나 생태학자들은 토

---

* 일정한 부분의 산림을 일시에, 또는 단기간에 모두 베어 내는 것을 말한다. 비슷한 말로 '몰벌'이 있다.

지 이용의 경제에 거의 개입하지 않거나, 잘 모르거나, 아예 관심이 없는 사람들이다. 만일 외면할 수 없는 경제적 관심사와 이에 못지않게 생태계에 대해 크나큰 관심사를 동시에 지닌 농부나 임업인을 만난다면 열일 제치고 그 사람의 말에 귀 기울여야 한다.

상당히 오래 전 버지니아 주 렉싱턴에 있는 워싱턴앤리Washington and Lee 대학교를 방문했을 때 거기서 제이슨 러틀리지Jason Rutledge를 처음 만났다. 렉싱턴은 제이슨이 태어난 곳이기도 했다. 제이슨은 그때나 지금이나 지속 가능한 임업과 말을 이용한 벌목이라는 밀접하게 관련된 주제에 대해 얘기한다. 처음 만난 이후 우리의 여정은 숲과 이러저러한 야외 활동, 학술 대회 등에서 꽤나 자주 마주쳤다. '최악의 나무 한 그루씩 솎아 내기'라는 말도 제이슨한테 처음으로 들었다. 제이슨은 벌목한 나무를 말(말은 서포크Suffolk 산인데, 제이슨이 은근히 그걸 밝혀 주기를 바랄 것 같다.)을 이용해 숲에서 끌어내는 벌목꾼이다. 제이슨은 숲과 말을 이용한 벌목과 관련된 여러 학위를 가지고 있고, 그일로 밥벌이를 한다.

트로이 퍼스Troy Firth에게 나를 소개해 준 사람도 제이슨이었다. 트로이도 제이슨처럼 지속 가능한 임업을 옹호하는 사람인데, 트로이의 주장은 귀 기울여 들어 볼 만하다. 제이슨도 그렇지만 트로이의 주장도 실제 경험에 기초한 것이기 때문이다. 트로이가 소유한 숲은 엄청나다. 트로이는 임업인이자 벌목꾼이며 제재소도 갖고 있다. 트로이는 〈퍼스메이플생산Firth Maple Products〉의 주인이자 관리인이다. 이 회사에서는 주로 단풍나무 시럽을 생산한다. 올해 트로이와 회사 직원들은 1만 7천 그루의 사탕단풍나무에서 수액을 받아 2만 3천 리터의 시럽을 만들어냈다. 내년에는 2만 2천 그루에서 수액을 받을 계획이다.

트로이는 평생 펜실베이니아 주 스파턴버그Spartansburg 가까이 살았다. 물론 회사도 거기에 있었다. 이 지역은 오랫동안 트로이 가족의 소유였다. 트로이의 집은 퍼스로드에 있었다. 트로이는 그 지역 숲 경제에 아주 섬세한 방식으로 관여하고 있었다. 아주 긴 세월 동안 그렇게 해 왔다. 트로이는 절대 함부로 말하지 않았다. 그런 태도는 자신이 아는 것과 모르는 것의 경계를 잘 안다는 자신감에서 나온 것으로 보였다. 트로이는 또한 유머 감각도 훌륭했다. 자기가 아는 지식에 대해서도 겸손한 태도를 지녔지만 꼭 해야 할 말이 있을 때까지는 대체로 조용히 있는 편이다. 그 결과 트로이가 입을 열면 사람들은 귀를 기울이게 된다. 트로이가 한 번 한 말을 들은 사람들이 얼마나 잘 기억하고 있는지 알면 놀라게 된다.

트로이는 학생 시절부터 숲에 마음이 기울었다. 대학을 다닐 때는 벌목 일을 하려고 2년 동안 휴학도 했다. 돈을 좀 모은 트로이는 1972년에 숲을 샀는데, 당시에는 헐값이었다고 한다. 숲을 사면서 트로이는 그것을 투자라고 생각했지만 나중에는 투자 이상이었음이 드러났다. 임업에 대한 트로이의 관심은 나중에 열정이 되었고, 지금도 그러하다.

대학에서 전공은 임학이 아니라 역사였다. 트로이는 그걸 잘한 일이라고 생각한다. 왜냐하면 인간이 받는 교육은 단순한 '천직'을 넘어선 넓은 것이어야 한다고 보기 때문이다. 트로이는 숲의 일을 계속 해 나가다가 숲에 대한 전통적인 생각이나 남들의 흔한 생각이 틀렸다는 것을 알게 되었다. 그런 방식은 자연에 어긋나고 지속 가능하지 않았던 것이다. 그런 깨달음을 얻는 데 시간이 얼마나 걸렸냐고 물었더니 트로이는 이렇게 말했다.

"오래는 아니었습니다. 눈에 대번 띄던데요."

트로이에게는 '롤 모델도 멘토도 없었다'. 어떤 시도를 하면 좋을지 알려 주는 사례에 대해서도 모르기는 마찬가지였다. 그래서 대학원 과정에 진학했다. 그러나 트로이는 시간이 흐를수록 숲의 생산성을 떨어뜨리는 기존의 방식이 잘못되었다는 확신에 차게 되었고, 기존 방식을 단칼에 거부하기로 했다. 그 뒤로는 자신만의 방식대로 나갔다. 임업을 채취 산업으로 보지 않고, '지속 가능한 임업'의 측면에서 바라보기 시작하자, 앞으로 할 일도 급격히 변했다. 지금까지는 사람들의 필요, 경제적 기준에 따라 나무를 베어 냈다. 그러나 트로이는 이제 나무를 '목재

자원'으로 보지 않고 나무가 숲 생태계의 구성원이라는 인식을 하게 된 것이다. 새로운 문이 열린 것이다. 그것은 훨씬 복잡하고 어렵기는 해도 훨씬 흥미로운 인식이었다.

1985년 트로이는 숲을 더 사들였고 그 뒤 '일 년에 한두 건'의 비율로 계속 사들였다. 트로이는 1988년 린과 결혼했고 결혼식은 아주 아름다운 1월의 어느 날, 눈이 내린 숲에서 열렸다. 그런 결혼식을 올리면 적어도 신부와 신랑에게는 숲을 특별히 좋아하는 계기가 된다. 아마도 다른 평범한 결혼식과는 달리 이들의 결혼에는 서로 공유하는 강력한 관심사가 있었다고 본다. 린과 트로이 사이에는 트로이처럼 외동인 딸이 있다.

책임감이 있는 사람들은 결혼을 하고 아이를 키우게 되면 미래와 도덕, 의무와 한계에 대해 깊이 생각하게 된다. 트로이와 린은 외동딸의 미래를 생각하면서 숲의 미래도 생각하게 되었다. 그래서 이 부부는 '사유지 계획'을 심사숙고하고 준비하기로 했다. 사실, 훌륭한 사람들은 다 그렇지만 이들 부부도 아이에게 전 재산을 다 물려줘서는 안 된다고 생각한다. 너무 많은 재산을 물려받으면 자식의 세상살이가 너무 쉬워진다. 결국 트로이는 자기 어머니에게 유언장을 바꾸어서 자신을 상속자에서 빼고 어머니의 전 재산을 자기 딸에게 물려주도록 부탁했다. 어머니의 재산은, 트로이의 말로는 "뭐, 좀 되기는 하는데, 그렇게 많지는 않"다고 한다.

숲의 미래에 대비하는 일은 생각보다 훨씬 어려운 일이다. 시간도 많이 걸리고 전혀 모르는 일도 많은데다 무엇보다 전례가 없기 때문이다. 인간 수명의 길이만큼이라도 숲을 잘 관리하면 분명 숲에는 좋은 일이겠지만 인간의 수명은 숲의 수명에는 비교가 안 될 정도로 짧다. 나무 한 그루만 해도 인간보다 몇 배나 오래 산다. 숲의 생명은 나무 한 그루와 비교할 때 상상할 수 없을 정도로 길다. 물론, 잘 관리했을 때 말이다. 트로이가 먼저 생각했는지 트로이의 변호사가 먼저 생각했는지는 기억하지 못하지만 트로이는 2004년에 〈퍼스 패밀리 재단Firth Family Foundation〉을 만들기로 했다. 퍼스 집안이 소유한 숲에 상속자를 두어 숲을 보존하고 보통 사람의 수명보다 더 오래 숲을 잘 관리하도록 하기 위함이었다. 이것은 현재 소유자가 사망하더라도 그가 소유한 농지나 녹지를 보존하기 위해 토지 신탁 집단이 개발권이나 '농지 보존 지역권'을 보유하도록 한 동기와 동일하다. 그러나 트로이는 이 재단에 대해 더 복잡한 계획을 품고 있었고 따라서 더 많은 문제에 대면하게 되었다.

숲 보존, 특히 개인 소유의 숲 보존에 있어서 가장 큰 문제는 숲의 분할이다. 농지를 적게 보유하는 건 아무 문제가 없다. 어쩌면 이로울 수도 있다. 그러나 숲은 면적이 적으면 경제적으로, 생태적으로 그 이점이 별로 크지 않다. 켄터키 주에서 개인이 소유한 숲의 평균 넓이는 약 8만 평방미터 아래이고, 펜실베이니아 주는 6만 8천 평방미터도 안 된다. 농지에 포함된 조림지는 그 농지의 경제와 생명에 중대한 기여를 하지만, 작은 숲이 여기저기 흩어져 있으면 아무리 잘 활용한다 하더라도 숲 생태계를 유지할 수 없다.

자본가나 투자자들이 대규모 숲을 단기간에 관리하는 것도 문제다. 왜냐하면 15년 뒤에 숲을 반환 가능한 상태로 만들기 위해 숲의 질을 한층 더 높일 수도 있겠지만 나무를 모조리 베어 낸 뒤 그 땅을 '휴양지' 용도로 분할해 팔아 치울 수도 있기 때문이다. 충분히 예상할 수 있는 바, '단기적인' 토지 관리는 거의 대부분 장기적인 파괴로 이어진다는 것이 문제다.

농지에서도 숲에서도 대지의 자원이 고갈되면서 지역의 토지 경제와 사람들의 공동체도 필연적으로 고갈된다. 인간의 공동체가 고갈되면 땅을 실제로, 그리고 잠재적으로 제대로 쓸 사람도 필연적으로 줄어들게 되어 있다. 이런 일이 반복되면 그 나라나 산업이 아무리 몸부림친다 해도 사람들의 건강이나 재산은 나빠질 수밖에 없다.

트로이는 오랫동안 숲을 어떻게 활용하느냐에 따라 자기 숲의 건강과 생산성이 달라진다는 것을 잘 알고 있었다. 그러나 숲의 건강은 숲 자체처럼 한 부분에 묶여 있거나 한 부분만으로 떼어 낼 수 있는 것이 아니었다. 숲 일부분의 건강은 전체 숲이 얼마나 건강한지에 달려 있었다. 재단을 만들어 퍼스 집안의 재산을 상속하고 관리하는 것만으로는 충분하지 않았다. 〈퍼스 패밀리 재단〉은 다른 숲 소유자가 만일 자기 숲을 재단에 무상으로 상속하거나 기부하면 그 숲을 받을 수도 있다. 재단은 지속 가능한 숲 관리의 모범 사례를 만들고 키워 나가고자 했다. 숲 생태계 전체를 위해 꼭 필요한 일이었다. 〈퍼스 패밀리 재단〉의 목표는 '펜실베이니아 주와 뉴욕 주, 그리고 두 주를 둘러싼 주들의 벌목 삼림 지대를 보존하고 장기적으로 지속 가능한 숲 관리를 증진하고 실천하는 것'이다.

2010년에 〈퍼스 패밀리 재단〉은 〈지속 가능한 숲 재단 토지 신탁〉으로 변신했다. 재단 이름에서 가족 이름을 없애자 더 일반적인 이름이 되었다. 그러나 재단의 목표는 처음 생길 때 그대로였다. 트로이는 결과적으로는 '서로 협력할 수 있는 지역 단체들이 아주 많아졌으면' 한다. 새 이름을 얻은 이 단체의 목표는 '천연림 생태계를 풍부히 유지하여 토종의 종 다양성을 광범위하게 지키고, 숲의 생산물이 지속 가능하게 하며, 지역 공동체의 경제적 생존 능력을 도모하고, 휴식처로서의 기능을 제공하는 것'이다.

———

지금도 여전히 모양을 갖춰 가는 중이지만 트로이가 지금껏 마음에 품고 있는 생각은 '지속 가능한 숲 경제'에 관한 것이다. 지속 가능한 토지 경제처럼 지속 가능한 숲 경제 역시 지역을 바탕에 두고, 지역의 조건과 한계, 그리고 기회에 반응하여 만들어져야 할 것이다. 트로이의 〈퍼스 패밀리 재단〉이 하는 일과 그 일에 적용한 원칙들은 관심 있는 사람이라면 누구에게든 영향을 미칠 것이다. 트로이의 궁극적인 바람은 '땅을 보호하기 위해 할 수 있는 일은 뭐든지 하는 것'이다. 한 지역에 적용된 지속 가능한 숲 관리의 사례는 먼 곳으로 보내는 편지에 찍는 소인처럼 그렇게 간단히 퍼져 나가지는 않을 것이다. 우리가 **진정 적용시킬 수 있는** 것은 올바른 원칙과 기준, 그리고 그것을 제대로 적용하려는 노력 속에 포함된 올바른 이해다.

그러나 아무리 숲 경제를 잘 이해하고 숲 경제와 생태계가 조화를 잘 이룬다 하더라도 숲 경제는 홀로 서 있거나 외따로 지속될 수는 없다. 한 지역의 경제가 진정 지속 가능한 것이 되려면 그것이 지역 문화에 속하고, 지역 문화를 지지하고, 지역 문화의 산물로서 기능해야 한다. 가장 중요한 것은 지역의 숲 생태계를 하나로 묶는 것이다. 그 다음에 필요한 것은 숲 경제와 지역의 인간 공동체를 하나로 묶는 일이다. 이 두 가지가 실현되려면 당당하게 자리 잡은, 안정적이고 풍부한 지역 문화가 반드시 뒷받침되어야 한다. 이런 문화에서는 젊은 세대가 나이 든 세대에게 지식을 전달받는다. 변화와 개혁은 자연스레 일어나야 한다. 그렇다고 외부에서 강요되는 방식이어서는 안 된다. 또한 외지인들의 이득을 우선하여 강요해서도 안 된다. 산업 혁명처럼 급속도로 진행되는 변화와 개혁은 안 된다. 지역 사람들은 이미 숲을 소중히 여기고 숲에 대한 지식을 보전해 왔기 때문이다. 그것이 일부분에 불과하더라도 말이다.

앞에서 말한 내용에는 사실 추정이 상당히 많다. 미국에서, 즉 유럽, 아시아, 아프리카 같은 구舊세계 인류의 역사에서 생태적으로, 사회적으로 지속 가능한 경제 기획의 사례를 찾기는 힘들다. 그런 것을 상상하려면 여기저기 흩어진 자료를 찾아보아야 한다. 조부모와 손주들이 집에서 나누는 대화는 아무리 짧게 끝나거나 별로 대단하지 않더라도 지역 문화의 시작임을, 어쩌면 지속 가능한 지역 문화의 시작임을 알려 주는 것일 수 있다.

트로이가 혼자 숲을 관리했을 때도, 또 지금도 트로이는 숲 관리에서 지속 가능한 경제의 조각들을 모으는 데 집중하고 있다. 그러나 그런 방식만으로는 충분하지 않다는 것을 트로이도 잘 알고 있다. 트로이는 일터에서 누군가와, 그것도 젊은 누군가와 이야기를 나누고 싶어 한다. 그래서 트로이는 2005년에 스파턴버그 지역을 살피다가 가이 던클이라는, 갓 대학을 졸업한 아주 영민한 젊은이를 고용했다. 가이 역시 그 지역에서 나고 자랐다. 트로이와 얘기를 하던 끝에 트로이가 가이를 자신의 제자, 또는 대리인으로 고용해 그 젊은이에게 반드시 보존해야 할 숲의 절반을 맡겨 버린 사실을 알게 되었다. 상황을 좀 더 이해하고 싶었던 내가 가이의 '직함'이 뭐냐고 물었더니 이런 대답이 돌아왔다.

"우리는 직함은 신경 안 써요."

놀랍지도 않았다. 가이를 지칭할 때는 그냥 '〈퍼스메이플생산〉의 숲 관리인'이라고만 했다. 이것저것 다 빼고 핵심만 말하자면, 가이는 나이 든 숲 관리인에게 이어받아 숲 관리의 지식을 배우고 있는 젊은 숲 관리인인 것이다.

"그게 제일 중요한 거죠."

트로이가 말했다.

삼림을 경영하고, 베어 낸 나무를 목재로 만들고, 단풍나무 시럽 같은 생산물을 만드는 이 신생 재단의 기획은 몹시 복합적이다. 이 기획을 다루는 사람이 같은 숲의 운명에 동시에 관여하고 있는 두 사람뿐이라는 것은 아주 중요한 사실이다. 또한 가이가 대학에서 임업이 아니라 환경학으로 학위를 받았다는 사실도 중요하다. 트로이가 가이를 면접 볼 때 한 일이라는 것이, 숲에서 같이 단풍나무 수액을 받는 것이었다는 점도 아주 중요하다.

가이 던클은 트로이는 달가워하지 않는 식으로 자기 일을 설명하기를 좋아한다. 2012년 5월 16일 이리Erie 공항까지 나를 마중 나온 이도 가이였다. 그때 나는 가이, 트로이와 함께 숲길을 걸으면서 이야기를 나누었다. 주로 〈지속 가능한 숲 경제〉 재단의 기금을 어떻게 마련할까 하는 것이었다. 가이는 2005년 10월에 이미 만난 적이 있었다. 바로 버지니아에 있는 제이슨 러틀리지의 벌목장에서였다. 그러나 가이를 제대로 알게 된 것은 이리 공항으로 나를 마중 나온 가이와 트로이 부부의 집에서 같이 식사를 한 그날이었다.

가이는 큰 키에 마르고 유쾌한 사람이며, 여러 모로 강한 인상을 준다. 남들이 흔히 그러듯이 그저 '강한 인상을 남기고 싶은' 생각 따위는 가이에게 전혀 없기 때문에 더욱 그렇게 보인다고 해야 할 것이다. 가이는 트로이 정도는 아니지만 그래도 꽤 말수가 적은 편이다. 사람 성격이 확고한 건 확실해 보이고, 자기 삶과 천직에 대해 중요한 답변 몇 가지는 벌써 해 버린 것 같은 얼굴이었다. 가이와 아내 윌마는 아들 둘을 두었다. 그들 부부는 자신들이 소유한 농장에 살고 있었다. 농장은 숲과 크리스마스트리 조림지, 목초지로 구성되어 있다. 차를 타고 오면서 우리는 양 사육에 대해 상당히 많은 이야기를 나누었다. 젊은이가 농장을 소유하고 농장에만 온통 관심을 쏟고 있다면 나름대로는 장기적인 목표가 있음에 분명하지 않겠는가.

퍼스로드에 있는 트로이 집에 도착하니 트로이는 일을 마치고 이미 집에 와 있었다. 린은 우리에게 훌륭한 저녁을 차려 주었다. 신시내티 공항에서 형편없는 점심을 먹은 뒤라 나는 특히 기뻤다. 미리 트로이에게 숲 관리에 대해 시간 되는 대로 그동안의 성과를 많이 알려 달라고 부탁해 둔 터라 트로이는 꽤나 복잡해 보이는 목록을 내보였다. 식사를 마치고 트로이 부부와 나는 내가 꼭 봐야 할 곳 세 곳을 둘러보았다.

제일 먼저 트로이의 제재소에 들렀는데, 그냥 획 둘러보는 정도였다. 그런데도 거기서 본, 커다랗고 아름다운 검정체리목 장작더미를 잊을 수가 없다. 트로이의 제재소처럼 비교적 소규모인 제재소가 이윤을 내려면 그 제재소만의 장점인 '틈새시장'을 가지고 있어야 한다. 이 지역에서는 합판을 만들 수 있는 양질의 체리목이 이윤을 가져온다고 한다. 그래서 여기서는 체리목이 적당한 틈새시장이 되었고 최고급 체리목을 독점으로 생산할 수 있었다. 그러나 트로이의 숲만으로는 그 수요를 충족시킬 수가 없었다. 트로이는 좋은 품질의 목재 재고를 유지하려고 앨러게이니 국유림Allegheny National Forest과 서스쿼해나 주유림 Susquehannock State Forest에서 정기적으로 목재를 산다.

다음으로 간 곳은 〈퍼스메이플생산〉의 본사였다. 거기서는 나무 수천 그루에서 채취한 수액을 모아 적당한 농도가 될 때까지 끓인 뒤에 병 포장을 한다. 내가 사는 켄터키 주에도 사탕단풍나무가 많지만 그 나무로 시럽을 만들지는 않는다. 하지만 수

수로 당밀을 만드는 전통이 있었고 아직도 남아 있기 때문에 묽고 부드러운 단맛의 수액을 끓여 엄청나게 달고 끈적끈적한 걸로 만드는 것은 잘 안다. 하지만 트로이의 단풍나무 시럽 공장 설비는 내가 보아 온 어떤 시설보다 규모도 크고 정밀했다. 훨씬 뛰어났다.

트로이의 숲에는 온통 파이프라인이다. 구경이 대부분 약 3센티미터인 검정 플라스틱 파이프가 빼곡하게 뻗어 있다. 파이프는 잘 늘어나는, 아연으로 도금한 강선으로 보강하고 다른 철선을 나무 높이쯤에서 이웃한 나무끼리 묶어서 튼튼하게 지지를 해 두었다. 검정색 파이프보다 가는 투명 튜브가 나무에서 수액을 받아 검정색 파이프로 흘러내리게 한다. 파이프라인이 어찌나 튼튼해 보이는지 몇 년이라도 끄떡없을 것 같았다. 견고한 설치도 설치지만, 나무에 아주 조심스레 묶어 놓은 것에도 깊은 인상을 받았다. 나무를 둘러쌀 때 철선마다 나무 조각을 완충재로 삼아 감아서 나무껍질에는 상처가 나지 않게 해 두었다. 수액이 모일 지점을 잘 파악해 거기마다 탱크를 설치하고 파이프라인을 통해 수액을 옮긴다. 탱크에 모인 수액은 트럭으로 옮겨 밀폐 증기관으로 가져간다. 트로이는 비용을 줄이는 방법에 대해서는 아주 민감하다. 단풍나무 시럽을 모으는 일은 여러 가지 크기와 종류의 탱크가 필요한데 트로이는 이런 탱크 상당수를 저렴하게 구입했다. 중고나 흠이 있어도 상태가 좋은 걸 골랐기 때문이다. 트럭도 대부분 스테인리스 스틸로 된 우유 탱크가 달린 것들로, 역시 중고지만 상태가 좋은 트럭들이다. 시장이 한정되어 있고 수요 공급을 마음대로 조절할 수 없는 시장뿐이라면 절약이 필수적인 덕목이다.

그곳에 도착한 날 세 번째로 들른 곳은 트로이가 지난 45년 사이 열 번 벌목을 한 숲이었다. 이곳이 바로 우리의 주된 주제이자 내 여행의 목적지였다. 그 세월 동안 제대로 알고 매우 조심스럽게 벌목하지 않았더라면 그토록 오랜 시간 동안 그곳 숲의 땅 어느 한 곳도 그 정도로 꾸준한 생산성을 보여 줄 수 없었을 게 분명했다. 사실상 그곳은 '최악의 나무 한 그루씩 솎아 내기'라는 원칙을 반복해 적용한 결과를 탁월하게 입증해 주는 곳이었다. 최근에 마지막 벌목이 있었는데 그루터기 윗부분은 아직도 밝은 빛이고 시든 기미도 보이지 않았다. 그런데도 그곳의 숲이 생태적으로 온전하다는 것을 즉각 알아차릴 수 있었다. 숲이 크게 뻥 뚫린 부분도 별로 없었다. 남은 나무들도 그 크기가 큰 것부터 작은 것까지 아주 다양했다. 남은 나무 중에서 벌목으로 쓰러진 나무나 끌어내는 나무 때문에 손상을 입은 나무도 보이지 않았다. 말을 이용해 나무를 끌어냈기 때문에 땅에 새겨진 흔적도 아주 흐릿할 뿐이었다. 내년이면 그 흔적조차 사라질 터였다.

나는 수요일 저녁부터 일요일 오전까지 트로이, 가이, 제이슨 러틀리지, 그리고 제이슨의 아들 재거를 방문했다. 제이슨과 재거는 목요일 오후에 도착했다. 가만 앉아서 얘기나 했던 몇 시간을 제외하면 나머지 이틀 정도의 긴 시간들을 우리는 전부 숲 속에서 거닐거나 숲을 바라보고 얘기하면서 보냈다.

아주 화창한 목요일 이른 아침에 우리는 키 큰 나무들이 들어선 개방 삼림 지대open woodland로 걸어갔다. 깊은 숲에서 아주 좋은 건초 향이 나는 멋진 곳을 만났다. 사실상 고사리 정원이었다. 이런 곳은 소풍이라도 오면 딱 좋을 것같이 무척 기분 좋고 '경치 좋은' 장소이며, 열정적인 수많은 자연주의자와 환경주의자들이 '보전'하고 싶어 하는 '천연'의 장소다. 그러나 눈에 띄는 하층 식생이 없다는 것은 문제였다. 묘목도 없고 어린 나무도 없고 관목도 없다. 번성하는 숲이라면 흔히 볼 수 있는 지표 식물과 큰 나무의 아래쪽 가지 사이의 공간을 차지하며 자라야 할 작은 식물도 보이지 않았다. 한마디로 나무들 사이의 서열이 파괴되어 버린 것이다. 나무 한 그루를 베어 내거나 쓰러뜨리면 그 나무를 대신할 게 하나도 없는 셈이었다. 범인은 바로 건초 향이 나던 그 아름다운 고사리 화단이었다. 고사리의 뿌리줄기와 뿌리가 표층에서 너무 두껍게 자라 다른 묘목이 고사리를 뚫고 뿌리를 내릴 수가 없고, 고사리의 넓은 잎이 다른 식물이 받아야 할 햇빛을 다 빼앗아 버렸기 때문이었다.

이렇게 고사리가 우점식생이 된 것은 그 숲에 사는 흰꼬리사슴white-tailed deer의 개체수가 많아지면서 고사리와 경쟁하는 다른 식물들을 완전히 먹어 치웠기 때문이었다. 고사리 카펫은 일단 조성되면 그 일대를 영구적으로 점령해 버린다. 흰꼬리사슴의 개체수를 줄인다고 해서 효과를 보는 것이 아니기 때문에 다른 방법을 찾아야 한다. 고사리 사이를 살펴보면 블랙베리가 여기저기 흩어져 자라기도 하는데, 이것이 희망이 되어 줄지도 모른다. 블랙베리 뿌리가 고사리 카펫을 일단 한 번 뚫으면 다른 식물의 뿌리도 그 뒤를 따라 자리 잡을 수도 있기 때문이다. 블랙베리가 이른 봄에 잎을 내기 때문에 고사리를 덮어 버리게 하는 것도 방법이 될 수 있을 것이다. 그러나 블랙베리와 고사리의 상호 관계는 아직 분명하지 않다. 물론 제초제로 고사리를 후퇴하게 만든다는 대안도 있겠다. 그러나 길게 볼 때, 임업인이 이윤을 제대로 내려면 생태적인 문제를 생각하지 않을 수 없다. 생태적인 것이야말로 핵심이다. 질적으로 나빠진 숲을 어떻게 건강한 숲으로 되살릴 수 있을까, 하는 바로 그 문제 말이다. 숲이 얼마나 건강한가 하는 것은 얼마다 다양한 생물들이 '수직구조'를 이루는가 하는 데 있다.

이 지역의 우점종이자 가장 가치 있는 수종은 검정체리와 사탕단풍나무다. 그 밖에도 북부적참나무northern red oak, 떡갈나무, 스트로브잣나무white pine, 아메리카꽃단풍red maple, 연질단풍나무soft maple 등이 있다. 사탕단풍나무는 수액을 내놓기 때문에 퍼스 집안의 숲에서는 특별한 지위를 누리고 있다. 사탕단풍나무는 두 가지 목적을 지니고 있다. 수액을 채취하면 목재로서의 가치는 떨어지지만 적당한 간격을 두고 채취하면 목재로서도 나쁘지 않다.

트로이와 함께 숲을 거닐다 보면 트로이가 높이 자란 체리나무를, 그중에서도 색이 짙고 두터우며 흠이 하나도 없는 밑동을 지니고 있어 합판으로 만들기 좋은 체리나무를 아주 좋아한다는 것을 알게 된다. 트로이와 같은 시선으로 이들 나무들을 바라보면, 숲 관리를 어떻게 해야 생산성을 높일 수 있는지 최선의 길을 알게 된다. 우리는 나무줄기 가운데쯤에서 가지가 두툼하니 갈라진 키 큰 체리나무를 놓고 얘기를 주고받았다. 그 나무는 길고 두터운 가지가 둘로 나뉘어 자라나 있고 잔가지가 많이 달려 있었다. 트로이 말로는 이 숲이 90년 정도에 걸쳐 그 수준이 아주 높아진 것 같다고 했다.

"가장 잘 자란 나무부터 베어 내기 시작하는 '하이그레이드'* 는 숲의 뚜껑을 열어 주는 효과가 있습니다."

트로이는 그렇게 말했다. 키가 큰 나무들부터 베어 내기 시작

---

* highgrade, 숲에서 기울거나 덜 자란 나무를 제쳐놓고 가장 잘 자란 나무부터 베어 내는 방식. 장기적으로는 숲의 질을 떨어뜨리게 된다.

하면 나무들끼리 공간과 빛을 놓고 경쟁하는 것을 줄여 주고, 일반적이거나 자연적인 상태보다 가지를 더 적게 달거나 낮게 자리 잡게 만든다. 그리고 이 체리나무는 고급 목재를 생산하는 아주 가치가 높은 나무다. 그러나 둘로 갈라진 가지 중 굵은 쪽이라 해도 적절히 잘 관리된 숲에서 생산된 목재와 비교할 때는 그 길이가 절반, 혹은 3분의 2 정도밖에 안 되는 것도 사실이다. 게다가 이 나무는 단일 줄기*에서 생산해 내는 목재와는 달리 약점을 지녔다. 체리목은 잘 부러지는 나무기 때문에, 두 개로 갈라진 가지가 자라 무거워지면 나무에 가하는 힘도 커지게 돼 부러지거나 쪼개질 가능성도 커지기 마련이다. 이런 나무는 잘 살펴보아야 한다. 어느 정도 자란 뒤에는 나무를 잘 타는 사람이 나무를 타고 올라가 안전하게 잘라 주어야 한다.

　우리는 키 큰 나무부터 베어 내는 일을 하지 않은 숲에 있는 단일 줄기 체리나무도 찾아가 보았다. 이 나무의 나이는 약 90살이었는데, 가슴 높이 정도에서 나무 둘레가 약 50센티미터에 이르렀다. 그런데도 여전히 싱싱하고, 여전히 목재를 생산해 내고 있으며, 관리가 잘 되어서 수령만큼 오래되어 보이지 않았다. 높이는 37미터 정도이고, 첫 번째 가지는 약 24미터 높이에 있었다. 때가 되면 5미터짜리 목재 다섯 개에다 합판 두 장까

* single-stemmed, 하나의 줄기로 쭉 뻗어 올라가는 나무.

지 내어놓을 수 있을 터였다. 참으로 아름다운 나무였다. 우리
는 그 나무를 한참이나 올려다보며 상찬했다.

금요일 아침의 큰 행사는 숲에서 아미쉬Amish 공동체의 두 젊
은이를 만나는 것이었다. 팀스터*인 이들은 팀을 이루어 '로깅
아치logging arches'로 숲에서 목재를 끌어낸다. 로깅 아치는 좌석
이 높고 멋진 엔진이 달린, 말 두 필이 끄는 카트다. 카트는 목재
를 말에 단단히 비끄러매면 목재 자체의 무게 때문에 목재의 앞
쪽 끝이 땅을 차고 들리게 되어 마찰을 줄여 손쉽게 끌리도록
하고, 그 결과 숲 바닥의 손상을 최소화하도록 만들었다.
더 주목할 것은 말 두 필을 이용함으로써 견인력을 최대한 활
용한다는 점이었다. 이 말들은 매주 하루 종일 아주 고된 노동
을 하면서 거친 땅에서 엄청난 무게를 짊어지고 끌어당기는 말
들이지만 얼핏 보기에는 서커스 말처럼 보였다. 건강했고, 눈빛
이 맑았으며, 살빛도 좋고, 피부도 상처 하나 없이 빛이 났다. 말
의 건강 상태로 모든 것이 설명이 되었지만 무엇보다 카트를 운
전하는 두 젊은이의 명석함과 정성 어린 보살핌, 그리고 기술이
엿보였다. 그들은 20대 후반과 30대 초반으로 보였는데, 사교적

---

* teamster, '트럭 운전수'라는 뜻이지만 여기서는 수레 모양 벌목 기계를 운전하는 사
  람을 가리킨다.

이고 자기 생각이 분명한 청년들이었다. 우리와도 대화를 나누었지만, 특히 그 자신이 뛰어난 말 사육가이자 팀스터인 제이슨과 얘기하는 것을 즐기는 것 같았다. 두 젊은이는 말과 마구의 모든 접점에 대해 끝없는 관심을 보여 주었다. 이런 관심은 섬세한 공감에서 나오는 것이다. 훌륭한 말 사육가는 자신이 편한 옷을 입고 일하고 싶어 하듯이 자기 말도 편한 마구를 착용하고 일하기를 바란다. 말을 이용해 벌목을 하면서 벌목꾼 한 명이 두세 명의 팀스터를 부리는 방식으로 일할 수도 있다. 그러면 팀스터도 말도 정신없이 바쁠 것이다. 그러나 이곳에서는 팀스터가 직접 벌목을 한다. 적어도 팀스터가 나무를 베는 동안에는 말이 쉴 수 있는 것이다.

트로이의 벌목 방식으로 보면 숲에서는 말을 이용하는 것이 아주 근본적인 방식이다. 그리고 말을 쓰는 것이 지속 가능한 임업에서는 반드시 필요한 일로 보인다. 말은 기계보다는 숲에 더 친절하다. 말이 목재를 끌면 땅에 파인 자국도 좁고 흠도 손상도 적다. 힘을 덜 쓰니까 땅을 거칠게 할 일도 없다. 말 고창증* 때문에 말이 미끄러져서 숲 지표면에 손상을 입히는 일 정도가 생길지도 모르는 피해의 전부다. 그러나 거대한 벌목 트럭은 어떤가. 커다란 바퀴는 부드러운 땅을 단단하게 다져 버릴 것이고, 숲의

* 말발굽이 갈라지는 병.

거친 표면을 깊이 파헤쳐 버릴지도 모른다. 게다가 젖은 땅에서는 말이 기계보다 훨씬 더 일을 잘 해낸다.

말과 말 관련 장비를 쓰면 기계보다 비용도 적게 들고 일도 값싸게 할 수 있다. 또한 이것은 숲을 위해서도 훨씬 큰 이득이다. 그 지역에서 새 벌목 트럭을 사려면 15만 달러가, 중고 트럭은 5만 달러가 든다. 그러나 말, 로깅 아치, 체인, 톱 같은 팀스터 장비는 5천 달러밖에 들지 않는다. (사실 말을 이용한 벌목에서 가장 큰 '비용'은 말을 돌보고, 키우고, 훈련시키고, 일을 시키는 데 든다. 요사이는 워낙 배울 데가 없기 때문이다. 그러나 일단 한 번 배우고 나면 그때부터는 무료다.) 이것은 아주 중대하면서도 특징적인 차이다. 벌목 장비 값이 비싸면 비쌀수록 운용 비용도 더 높아지고, 일일 각재* 생산량을 더 늘려야 한다는 압박도 점점 더 커질 것이다. 그렇게 되면 또다시 숲을 함부로 벌목하게 될 것이고 숲의 손상은 더더욱 심해질 것이다. 가능한 최대로 생산해야 한다는 충동 때문에 선별력, 판단력, 관용의 정신이 무뎌질 것이다. 임업이나 농업이나 생산 비용이 낮으면 작업의 질을 올릴 수 있고 대지도 더 잘 돌볼 수 있다. 재정적인 근심에서 헤어난 벌목 업자는 한쪽으로 마구 치닫다가도 멈춰 서서 생각할 수 있는 여유를 갖게 될 것이다.

---

* 긴 원목을 네모지게 켜 놓은 목재.

더구나 벌목에 말을 이용하면 인력 채용도 늘릴 수 있다. 팀스터 세 명이 할 일을 벌목 트럭 운전수 한 명이 해치운다. 우리는 그것이 이득이라고 배웠고, 실제 그러하다. 그러나 그것은 오직 벌목용 트럭을 만드는 회사와 석유를 공급하는 회사에만 이득일 뿐이다. 이와는 정반대로 말을 이용한 벌목은 숲에, 그리고 사람들의 공동체에 그 이익이 돌아가게 한다. 우리가 이야기를 나누었던 아미쉬 말 사육가들은 꽤 수준 높은 삶을 영위하고 '독립 계약자'로서 일하고 있었다. '일자리 창출'이라는 문제로 골머리를 앓는 시대에 다른 사람의 기계로 한 사람의 일자리만 유지하는 것보다 세 사람의 일자리를 유지하는 것이 더 낫다는 것을 가지고 입씨름할 필요는 없을 것이다. 더구나 말을 이용한 벌목은 원칙적으로 지역 경제에 의해, 그리고 지역 경제를 위해 존재한다. 반면 거대한 기계와 그것을 가동할 연료를 구입하면 돈은 지역 경제에서 증발되어 저 멀리 있는 주주들의 배나 불려줄 뿐이다.

지속 가능한 임업을 위해, 그리고 안정된 고용을 위해 트로이는 할 수 있는 모든 것을 하려고 한다. 현재 트로이의 숲에서는 여섯 팀이 작업을 하고 있다. 팀스터 중에는 제이슨 러틀리지의 동창도 있는데, 트로이와 같이 일한 지 15년이나 되었다. 8년 동안 같이 일한 사람도 있고, 다른 두 명은 6년 동안 같이 일했다. 트로이는 이들이 일 년 내내 바빠 일하도록 만든다. 숲의 땅이 매우 축축한 봄철만 아니면 벌목은 늘 계속된다. 그리고 말을 이용하면 축축한 시기도 그다지 길지 않다. 너무 축축한 때는 다른 일거리를 찾아낸다.

건강한 숲 생태계에 사는 여러 생명체들이 어떤 관계를 맺고, 서로 어떤 상호작용을 하는지 우리는 모른다. 우리의 생각을 넘어설 정도로 복잡하기 때문이다. 그러나 이것이 바로 출발점이며, 최우선의 이치다. 숲을 잘 관리하는 데 있어 첫 번째 덕목이 바로 겸손함이라는 것도 마찬가지다. 규모를 제대로 잡는 것이 아주 중요하다. 그래야 많은 것들을 위험에 빠뜨리지 않을 수 있다. 너무 힘을 들여서도 안 되고 너무 서둘러서도 안 된다. 그래서 트로이도 전문가처럼 말하지 않는다. 숲은 너무나 복잡하기 때문에 그에 마땅한 복잡한 지식과 사고를 필요로 한다. 숲은 궁극적으로는 자신의 존재감을 드러낼 수 있는 작업을 요구한다. 이미 알려진 복잡함은 물론이고 알려지지 않은 복잡함, 그리고 모든 숲이 지니고 있는 자연의 신비 말이다. 지금까지 트로이는 많은 경험을 쌓았다. 또한 매우 주의 깊게 생각했고 일했다. 그런데 트로이는 자기가 잘해 왔다는 걸 어떻게 알 수 있었을까?
트로이가 간단하게 말하기를, 새들의 노래 소리로 알 수 있다고 했다. 자기가 보살피고 관리한 숲이 생태적으로 건강하고, 키가 아주 작은 꽃이나 관목부터 키가 가장 큰 나무까지 종과 연령이 아주 다양해 보인다면, 그리고 '수직 구조'가 제대로 되어 있다면, 만일 그렇다면 아주 다양한 새들의 노래 소리를 들을 수 있다고 했다. 이 말은 디즈니 만화 식의 감상주의가 절대 아니다. 새들은 트로이를 칭찬해 주려고 노래하지 않는다. 새들은 숲의 자연이 요구하는 그대로, 둥지를 틀고 먹이 활동을 할 수 있는 장소가 아주 다양하다는 것을 알기 때문에 노래하는 것이다. 새들의 노래는 모든 것 하나하나가 제자리에 있다는 것을, 적어도 적절한 자리에 있다는 것을 알려 준다. 새들의 노래가 특히 트로이에게 일러 주는 것은, 적어도 트로이가 새들이 노래하는 소리가 뜻하는 게 무엇인지를 안다는 사실이다.

좋은 숲 관리에서 또 한 가지 필수적인 덕목은 관대함이다. 굳이 나쁜 벌목꾼을 찾아보지 않아도 이기적이고 탐욕스러운 사람이 좋은 숲 관리인이 될 수 없다는 건 충분히 상상할 수 있다. 좋은 숲 관리인은 제일 먼저 숲에 대해 생각한다. 몇 년 전 숲에서 한 회의에서 트로이가 이런 말을 한 기억이 난다.

"나쁜 벌목꾼은 숲에서 자기가 가져올 것만 생각하고 숲으로 갑니다. 좋은 벌목꾼은 남겨 두고 와야 할 것을 생각하며 숲으로 가지만요."

이러한 관대함을 지녀야 숲에 꼭 필요한 사고를 할 수 있다. 이런 관대함을 품은 숲 관리인은 숲의 역사와 숲의 과거, 그리고 숲의 미래에 참여하게 된다.

　트로이가 자신의 숲에 대해 가지고 있는 지식은 오랜 세월 내려온 것이며, 광범위하며, 또한 아주 특별하고도 친밀하다. 트로이를 따라 몇 시간만 숲을 걸어 다니면 식물의 군집과 경사와 지표 노출, 토질, 역사, 문제점 같은 것이 모든 장소마다 다 다르고 특별하다는 것을 알게 된다. 트로이는 장소마다 조금씩 다른 내력을 다 알고 있는 것 같다. 눈에 드러나는 증거, 그 지역의 기억, 사적인 기억, 그리고 항공사진 기록을 통해서 말이다. 어떤 곳을 가리키더라도 그곳이 언제 벌목되었는지, 어떻게 밭이 되었는지 읊어 줄 것이 분명하다. 80년 전에 큰 나무만 골라 베어 낸 숲이 어디인지도 알 것이고, 50년 전에 함부로 벌목된 곳이 어디인지도 알 것이다. 트로이는 당연히 일반적인 숲 관리의 원칙과 생각과 이론을 그 누구보다도 더 잘 알고 있지만, 그저 이렇게 강조할 뿐이다.

　"숲 관리는 관찰이 주된 업무입니다. 이론이 아니라 말이지요."

　여기서 트로이가 말하는 '관찰'은, 몇 년에 걸쳐 숲을 걸어 다니고 살펴보고 관심을 기울이는 것을 말한다. 결국 세심하게 관찰하는 숲 관리인과 숲의 여러 장소들 사이에는 심오한 친밀성이 자랄 것이다. 그러한 지식을 가리켜 아마도 '공감'이나 '육감' 또는 '직관'이라고 말할 수 있을 것이다. 이런 지식이야말로 우리에게 어떤 주어진 상황에서 어디를 보라거나, 무엇을 예측하라거나, 어느 정도면 적당하다는 것을 일러 주는 지식이 될 것이다. 그리고 이러한 지식은 취할 것과 남겨 둘 것을 알려 주는 지식이기도 하다.

이것은 분명 지식이고 교육을 통해 얻는 것이기는 하지만 대학 과정이나 전공을 통해 배울 수 있는 것은 아니다. 이 교육은 '관찰'을 통해 익힐 수 있으며 오랜 세월이 필요하다. 트로이는 이렇게 말한다.

"숲이라는 넓은 지역을 제대로 알려면 오랜 세월이 필요합니다. 그게 답이에요."

숲 한 곳에 대해 배운다고 다른 숲에 대해서까지 모두 알 수 있는 것도 아니며, 한 번 사는 인생살이에서는 오직 그 한 번이 감당하고 해낼 수 있는 만큼의 지식과 일이 부여될 뿐이다. 이것이 바로 좋은 숲 관리자가 숲 한 곳을 계속 관리하고 후임자를 키우는 것이 중요한 까닭이다. 〈미국산림청〉은 관리자가 전근 다니게 하는 제도를 두고 있다. 이것은 산업주의의 시각이며, 사람을 쉽게 이동시켜 착취할 수 있는 자산으로 보는 생각에서 나온 정책일 뿐이다. 반면 트로이는 자기 스스로 한자리에 눌러 앉아 지역 사람을 평생 고용하는 것이 옳다고 생각한다. 그렇게 하면 명백한 생태적 가치 말고도 경제에도 더 좋다고 여긴다. 숲 그 자체처럼 그 지역 숲에 대한 지식도 일종의 자산이기 때문이다.

지역 경제나 개인의 경제는 그 어떤 지식과 정성으로 관리해도 더 큰 규모의 경제 변화에 영향을 받을 수밖에 없다. 큰 규모의 경제가 아무리 잘못되었고 환상적인 것이라 할지라도 말이다. 그래서 2008년의 '불경기' 때 트로이는 "상당한 손해를 봤다"고 한다. 땅에 꽂혀 있던 목재들이 말 그대로 '벼랑에서 떨어진' 것이다. 이제는 사정이 좀 좋아지고 있고, 벌목꾼 팀도 둘이나 더 고용했다. 거대 경제로 봤을 때 토지 이용 면에서 절대 유리하지 않은 퍼스 회사의 경제는 대충 잡아도 놀라울 정도로 잘해 왔다. 〈퍼스 패밀리 재단〉이 발행하는 회보에 아주 흥미로운 대목이 있다.

"2006년 〈랜드베스트LandVest〉가 수행한 연구에 따르면 〈퍼스 패밀리 재단〉은 지난 20년 동안 연 평균 11퍼센트의 목재 수익률을 보였다."

트로이 퍼스는 오랜 세월 숲에서 일을 하면서 숲을 가진다는 게 무슨 뜻인지, 숲의 땅을 어떻게 쓸 것인지, 숲을 관리한다는 건 또 무엇인지에 대해 일반인의 관념을 훌쩍 뛰어넘는 통찰을 갖게 됐다. 트로이는 숲을 경제적 수요에 맞추려 하지 않고 오히려 자신의 경제를 숲에 적용하는 법을 끈질기게 익혔다. 트로이는 숲 생태계의 본질에 거스르지 않고 그것에 최대한 협력함으로써 숲에서 생계를 이을 수단을 얻어 냈다. 그런 트로이의 경영 아래에서 목재 생산은 숲의 생산력을 떨어뜨리지 않았다.

그러기는커녕 트로이가 선택한 숲 관리 방식은 오히려 생산성을 증가시켰다. 트로이 말로는 관리 상태가 엉망인 숲보다 생산성이 거의 두 배라고 한다. 이와 동시에 노동자 수도 늘렸다고 한다. 고용 증가 또한 커다란 성취이며, 모범 사례로 들기에 충분하다. 인력을 여럿 고용하면 숲에 이득이 되고 그러면 또 복합적인 방식으로 사람에게도 이득이 되는 것이다.

트로이는 땅을 잘 활용한 모범적인 사례다. 이런 사례가 절실하게 필요한 시점에 트로이는 확실하고 좋은 가능성을 확인하기 위해 의지할 수 있는 사람이다. 그럼에도 트로이는 자신들의 가치가 얼마나 퍼져 나갈 수 있을지 판단해야 했다. 이곳저곳에 산재해 있는 훌륭한 숲 관리자 한둘로는 충분하지 않다. '유기농'의 유행 속에 공식 상표를 붙이고 있는 '지속 가능한 임업'이라는 브랜드로도 안 된다. 숲 관리의 윤리를 체계화하고 정리하는 것도 중요하지만 올바른 실천의 결과, 노동자에게 임금을 지불할 수 있어야 한다. 그렇지 않으면 숲 관리자를 바꾼 것도 소용없는 일이 되고 만다. 정부는 잘못된 임업에 대해 법, 규제, 통제, 인센티브 등으로 견제는 하려고 하면서도 잘하고 있는 임업을 장려할 수단을 마련하지는 않는다. 알도 레오폴드는 1942년 6월 25일에 남긴 글에서 이러한 정부의 한계에 대해 자신의 소회를 밝혔다.

"개인 제재소 업주들이 냉담하다고 해서 그 해결책으로 목재

생산을 정부가 맡으려 하다니, 나는 반대다."

특정 지역에서 지속 가능한 숲 경제를 실현하려면 지역이 필요로 하는 것을 최대한 많이 감당해야 한다. 지역 생산물에 부가가치를 매길 수도 있어야 한다. 국가 단위에서 지속 가능한 숲 관리를 맡는다면 긴 시간에 걸쳐 앞서 말한 경제 단위[지역 생산물에 부가가치를 매길 수 있는 경제 단위]가 더 많이 있어야 하고, 이 역시 일정 수준 이상의 생활이 보장되어야 가능하다. 트로이의 경우 학생 시절부터 지금껏 그런 열정으로 살아왔다. 단어를 놓고 너무 깐깐하게 굴지만 않는다면 그걸 숲에 대한 '사랑'이라 불러도 되겠다. 이 세상 모든 곳의 숲을 잘 돌보는 것이 사랑에 달려 있다고 말하는 것은 확실히 어렵다. 그러나 불가능한 것은 아니다. 사람들은 자기가 사랑하지 않는 대상에 신경 쓰는 것을 몹시 어려워하는 존재이기 때문이다. 게다가 우리는 용기를 얻을 구석도 있다. 한때 수백만 명에 이르는 미국인들은 채마밭을 아끼고 가꾸면서 얼마나 믿음직스럽게 소출을 내었던가. 아직도 그런 사람들이 많지 않은가.

〈지속 가능한 숲 관리 재단〉*은 현재 소수의 사람들이 운영

---

* The Foundation for Sustainable Forests. 펜실베이니아에 소재하고 펜실베이니아 주, 뉴욕 주 등을 아우르는 비영리 숲 보존 단체. http://www.foundationforsustainableforests.org/

하고 있다. 재단의 이름으로 기부 받은 땅은 3백만 평방미터 정도밖에 되지 않는다. 트로이와 린의 유증으로 2천4백만 평방미터 이상이 장차 더 기부될 것이 확실하다. 이 유증의 실현 가능성이 매우 높다는 것은 아주 희망적이다. 다른 재단들과는 달리 이들 재단은 매매할 수 있는 일반 기업이다. 트로이와 린의 회사는 기부한 돈을 숲을 사는 데 쓸 생각은 없다. 이 재산은 재단을 유지하는 데만 쓸 것이다.

〈랜드인스티튜트〉, 〈틸스〉, 〈키비라콜리션〉, 〈서던애그리컬처워킹그룹〉, 〈랜드스튜워드십프로젝트〉*같이 지속 가능한 농업과 관련된 조직들처럼 〈지속 가능한 숲 관리 재단〉 역시 생태계와 경제의 접점을 다루게 될 것이다. 결국 다른 이들도 모두 여기에

---

* Land Institute, 지속 가능한 농경을 위한 연구와 교육, 정책 입안을 목표로 하는 비영리 단체로 1976년 웨스 잭슨Wes Jackson 등이 설립했다. 미국 캔자스 주 살리나에 있다. https://landinstitute.org/
Tilth, 1974년 "작은 지구를 위한 농업"이라는 주제의 심포지엄에서 웬델 베리의 연설에 영감을 얻어 설립된 기구. 유기농과 소규모 영농인, 소비자, 환경운동가 등을 하나로 모아 '더 나은 영농'을 추구한다. 대표적인 〈틸스〉로는 1978년 설립된 〈시애틀틸스〉(www.seattletilth.org/)와 1984년 설립된 〈오레곤틸스〉(https://tilth.org/)가 있다.
Quivira Coalition, 1997년 뉴멕시코 주 산타페에서 설립된 비영리 기구. 미 서부 지역 환경의 생태적 복원을 목표로 한다. www.quiviracoalition.org
Southern Agriculture Working Group, 1991년 지속 가능한 농경과 먹거리 생산을 위해 설립된 단체. www.ssawg.org
Land Stewardship Project, 1982년 설립된 비영리 단체로 지속 가능한 농경과 지속 가능한 공동체를 증진하는 것을 목표로 한다. http://landstewardshipproject.org/

참여하게 되겠지만 지금 당장 더 많은 이들이 참여해야 한다. 지속 가능한 토지 경제를 증진하고자 하는 이들 조직들은 끝없이 의제를 쏟아 내지만 정책과 뉴스의 세계에서는 투명인간 신세일 뿐이다. 답을 내놓지 못하는 수많은 질문들이 이 조직들 주위를 떠돌아다니는 점은 공통점이라 하겠다.

예를 들어 보겠다. 지속 가능한 임업이 지역의 지속 가능한 숲 경제에 달려 있다면 어떻게 필수적인 소규모 부가가치 산업을 개발할 수 있을까? 나는 그 답을 모른다. 그렇다고 달리 누가 알 것 같지도 않다. 그런데 소규모의 아미쉬 가구 공장들이 작년에 1억 달러의 수입을 올렸다는 얘기를 들은 기억이 나서 한숨을 돌렸다. 꼭 있어야 할 퍼즐 조각들은 분명 어딘가에 반드시 존재할 것이다. 어디 흩어져 숨겨져 있을지는 몰라도 말이다. 한 사람이 나서서 모두 끼워 맞출 수는 없다. 트로이 퍼스도 이 점을 잘 알고 있다. 그러나 그가 남들보다 하나 더 아는 것이 있다. 누구 한 사람이 먼저 나설 수는 있다는 사실 말이다.

"다른 사람들이 도와주면 더 잘 시작할 수도 있지요."

4장

땅과 사람을
살리는 지역 경제

2013

요즘 들어 켄터키 시골 현대사에 대해 자주 생각하게 된다. 알고 보면 전 지역에 걸쳐 그 역사는 참으로 개탄스러울 정도다. 예를 들어 켄터키 주는 20세기 중반에는 모든 지역의 경제와 주민 센터가 번성했다. 그러나 현재는 쇠락해 가거나 이미 쇠락해 버렸다. 주 정부 차원에서 관심을 보인다는 소리는 들어 보지도 못했다. 예전에는 도시 사람들은 강 지류 풍경에 기댔고, 쓸모 있게 여겼다. 강 지류 또한 사람들을 그렇게 여겼다. 그러나 이제 서로에게 유용한 쓸모는 사라졌고, 사람들의 관계는 점점 파편화될 뿐이다.

이런 상황을 이해하기 위해 2013년 6월 22일 앤 코딜이 쓴 편지에서 몇 문장을 인용하고자 한다. 앤은 고故 해리 코딜의 부인이다. 해리 코딜은 이스턴켄터키의 여러 문제를 연구하는 데 관여하고 그 지역을 위해 헌신한 사람인데, 앤도 남편을 따라 그일에 발을 들였다. 해리가 사망한 뒤로도 앤은 예전에 남편과 함께한 일에 관심을 버리지 않았고 계속 몸을 담고 있다. 앤의 말은 언제나 귀담아들을 만하다. 다음은 앤의 말이다.

지난 일요일 『렉싱턴헤럴드』는 (…) 광산 업계의 최근 경기 하락이 미친 영향을 놓고 주요한 기사를 실었어요. (…) 노트Knott 카운티에 사는 캐린 슬론의 남편은 광업 회사에서 직장을 잃었지요. 기사에는 가슴을 찌르는 캐리의 말이 실려 있었어요. 남편이 앨라배마에서 새로운 일자리를 찾았고, 이제 온 가족이 켄터키를 떠난다고 이야기하면서 캐린이 그러더군요. "정부는 좀 더 일찍 다양한 일자리를 만들기 위해 노력해야 했어요."

(50년도 더) 전에 남편 해리가 그런 노력을 했지요. 경제를 다양화하기 위해 남편은 할 수 있는 모든 것을 했어요. 그런데 지금에 와서 많은 일자리가 위기를 맞고 있네요. 또다시 큰 타격을 입고 있는 사람들에게 깊은 위로를 보냅니다. 이들이 또다시 당하고 있는 것은 착취가 아니에요. 그들은 폐기되고 있는 셈이에요.

이것이 바로 앤이 간결하면서도 실질적으로 묘사한 비극의 본모습이다. 그리고 '비극'은 이스턴켄터키의 현 상황 뿐만 아니라 켄터키 시골의 전 지역에도 그대로 적용되고 있다. 이스턴켄터키 지역은 너무나 일찍 광범위하고 급속하게 산업화되었기 때문에 이 지역의 비극이야말로 가장 극적이고 뚜렷한 형태로 나타나고 있다. 2차 세계대전 이후 농업 부문의 산업화는 점점 빠른 속도로 이루어지기 시작했다. 광업 같은 다른 지역 산업도 마찬가지였다. 어느 지역이나 마찬가지 양상이었고, 그 결과는 모조리 폐허였다. 물론 그 속도는 지역마다 달랐을지 모르지만, 그 결과는 켄터키 어디에서나 똑같았다.

산업화가 무엇이며 무슨 뜻인지 알려면 먼저 앤 코딜의 편지가 말하는 것을 조심스레 살펴보아야 한다. 먼저 앤이 그 지역은 '일자리'에 의존하는 경제라고 말하는 점을 눈여겨보아야 한다. 이 '일자리'라는 말은 오늘날 흔히 말하는 '일자리 창출'처럼 정치적인 상투어로서, 일이라는 개념을 소명이나 천직, 천직 선택 같은 개념과 완전히 분리하는 말이다. '일자리'는 특정한 어떤 사람이나 특정한 어떤 장소와 전혀 무관하게 존재한다. 어떤 사람이 이스턴켄터키에서 '일자리'를 잃어버렸다가 앨라배마에서 '일자리'를 찾으면 그는 '비고용' 상태를 벗어나 '고용' 상태가 된다. 그러면 그 사람이 어떤 사람이며, 그 일자리가 어떤 일자리이며, 그 '일자리'가 어디에 있는지는 아무 상관도 없게 된다. '일자리'에 포함된 '고용'이 산업경제의 사회적 목표를 충족하고 산업사회의 정부를 만족시키는 것이다.

산업경제와 산업사회의 정부를 채워 줄 '일자리'와 '피고용인'은 늘 존재했을 것이다. 여기서 중요한 것은 산업화가 일자리의 수와 일하려는 사람들의 수를 급격하게 늘렸다는 사실이다. 또한 일자리를 갖지 못한 사람들의 수와 사람들을 고용할 수 없는 이들의 수도 급격하게 늘어났다. 나는 1945년 이 나라에 번성했던 소규모 농장과 가게와 상점, 자영업 공예업자들이 자신들의 일을 놓고 '일자리'라고 생각하지는 않았다고 자신 있게 말할 수 있다. 이 사람들 대부분, 그리고 고향에 남아 일하던 숙련 노동자들은 이제 거대 체인점에 고용되어 일하거나 일자리를 아예 잃게 되었다. 기술이 그 자리를 차지했기 때문이다. 지역 경제와 지역 공동체는 해체되었다. 심지어 가족 구성원들로 꾸려지던 가족 단위 공동체도 무너졌다. 한때는 서로 지지해 주던 구성원들이었던 사람들이 이제는 '노동력'에 포함된 '인간 자원'이 되고 말았다. 앤 코딜의 편지에 나오는 말을 인용하면, 경제가 휘청거릴 때면 '착취'당하고, 기계나 화학물질이 자기들 '일'을 할 수 있을 때면 그 즉시 '폐기'되어 버린다. 여기서 앤의 말 중 핵심은 '폐기'다. 이 말이 바로 비극의 의미와 슬픔을 정확하게 짚어 주고 있다.

켄터키 시골 지역에는 도대체 무슨 일이 일어났던 것일까? 사람들은 처음에는 공식적인 특혜를 받는 산업들이 꼭 '이윤을 가져올 것'이라던 정치인의 이야기를 믿었을 것이다. 그런 '일자리 창출 산업들'은 어쩌다 사람들을 내치기 시작한 것인가? 그 질문에 답하기 위해 여기서 다시 한 번 이스턴켄터키 지역으로 돌아가야 한다. 이미 50여 년 전에 그곳에서 배울 수 있었을 교훈을 되살려야 한다. 적어도 의식적으로 노력은 해 보아야 한다.

1965년 여름, 나는 친구 거니 노먼을 찾아 며칠 여행을 갔다. 거니는 그 무렵 『해저드헤럴드』의 기자로 일하고 있었는데, 댄 깁슨이라는 노인을 취재하는 중이었다. 이 만만찮은 노인은 22구경짜리 엽총을 들고 노천 광산의 불도저를 막아 세웠다. 노인이 지키려던 땅은 베트남전에 해병대로 참전 중인 양아들의 것이었다. 깁슨이 저항하다 체포된 일은 사람들에게 큰 반향을 일으켰다. 분노한 시민들은 금요일 밤 하인드먼의 법원 청사에 모여들었다. 거니와 나는 그 집회에 참석했다. 그날 집회에서 해리 코딜이 연설을 했는데, 1776년 여름의 필라델피아 집회*를 떠올리게 했다. 코딜이 18세기 영국 식민주의자들을 그대로 계승한 현대의 미국인들을 향해 '이 세상을 파괴하려는 생각 말고는

---

* 1776년 7월 필라델피아에서는 미국의 독립을 선언하는 집회가 열렸다.

아무 생각도 없는 천치들, 그리고 그것을 선동하는 탐욕스러운 짐승들'이라고 비판했기 때문이다.

그날 밤의 또 다른 연설도 이야기해야겠다. 〈땅, 그리고 사람을 살리기 위한 애팔래치아 모임Appalachian Group to Save the Land and the People〉의 의장 르로이 마틴의 연설이다. 마틴은 댄 깁슨의 행동이 얼마나 진실한 것이었는지, 얼마나 중요하고 또 용기 있는 일이었는지 이야기했다. 마틴은 깁슨이 지켜 낸 산의 숲에 대해서도 생생하게 설명해 주었다. 그 숲의 나무 이름 하나하나까지 말해 주었다. 청중 대부분은 그 지역 사람들이었기 때문에, 마틴은 청중들 스스로 이미 그 숲의 성격과 가치를 잘 알고 있음을 일깨워 주었다.

그날 이후로 세 가지 생각이 줄곧 내 머리 속에 남아 있다.

첫 번째는 하나뿐인 지구가 회복 불가능할 정도로 파괴된다면 그 생태적 비용이나 인류가 받을 충격이 어느 정도일지, 가늠할 수도 없고 이해할 수도 없으며 어떤 말로도 표현할 수 없을 것이라는 우려다.

두 번째는 진짜 기계에 맞서거나, '정치'라는 비유적인 기계에 맞서게 되면 적어도 현재까지는 지구가 심각하게 해를 입는 것을 절대로 멈출 수가 없다는 점이다. 댄 깁슨이 불법 무기를 들고 나오자 13개 주의 경찰과 보안관이 합법 무기를 들고 대응했다. 산업 기계에 권력을 부여하는 정치적 기계에 맞서려는 우리의 여러 시도는 아직 어떤 답도 얻지 못했다. 현재 권력을 쥔 정치인들이 믿는 것처럼, 만약 돈이 말을 한다면 우리의 작은 목소리는 이미 어마어마한 액수의 돈으로 아주 효과적인 답변을 들은 셈이다. 그만한 액수의 돈은 아주 살짝 속삭이기만 해도 엄청나게 강력한 말을 할 수 있는 법이다.

세 번째는 나 역시 참여하고자 하는 운동인데, 〈땅, **그리고** 사람을 살리기 위한 애팔래치아 모임〉이라는 이름에 들어 있는 희망과 수정 내용들에 동의하기 때문이다. 내가 르로이 마틴의 연설을 제대로 기억하고 있다면, 이 조직의 이름은 땅이나 사람을 따로 생각하거나 말해서는 안 되고, 반드시 함께 생각해야 하기 때문에 그렇게 지었다고 한다. 땅을 구하고 싶다면 그 땅에 속한 사람도 구해야 하며, 사람을 구하고 싶다면 그 사람이 속한 땅도 구해야 한다는 이야기다.

이런 가정이 절대적으로 올바른지 이해하려면 먼저 우리가 해야 하는 일을 이해해야 한다. 사람과 땅의 관계는 서로를 벗어날 수 없기 때문에 당연히 필연적이다. 살아 있는 사람이라면 누구나 자신의 삶을 땅과 맺는 관계에 직접 빚지고 있다. 여기서 내가 말하는 관계는 '환경주의'라는 말이 포함하고 있는 뜻과는 조금 다르다. 내가 말하는 관계는 경제적인 것, 일, 생활, 생계를 유지하는 것으로 맺어지는 관계를 말한다. 우리가 매일같이 보는 이 관계는 친숙하고 친밀하고 아껴 주는 관계일 수도 있고, 소원하고 무심하며 파괴적인 관계일 수도 있다.

땅과 사람 사이에 서로 아끼는 관계가 상실되기 시작한 것은 지역에 기초한 살림 경제가 파괴되기 시작하고 그 상태가 이어지면서부터다. 지난 제2차 세계대전 이후 미국이나 오늘날 중국처럼, 이런 상황은 사람들을 그들이 살던 땅에서 정책적으로 어느 정도 강제로 몰아냄으로써 발생한다. 또 그 땅에 남아 있는 사람들에게 정부나 학계 전문가들이 땅에서는 '쓸 만한 건 아무것도 생산해 낼 수 없다'는 확신을 자꾸 심어 주거나, 생활필수품이나 앞으로 필요한 것들을 사려면 땅을 다 팔거나 열심히 돈을 벌어야 할 거라고 꾀일 때도 발생한다. 산업계와 산업정치학, 산업교육의 지도자들은 '농부들이 너무 많다'면서 잉여 노동력은 도시 '일자리'에서 일하면 '더 좋을 것'이라고 결정한다. 사람들이 이렇게 땅에서 벗어나 산업의 영역으로 들어가는 것, 지역의 자급적 삶에서 일자리 경제와 소비생활로 진입한 것이야말로 제2차 세계대전 이후 이 나라의 중요한 프로젝트가 되었다. 그리고 아시다시피 프로젝트는 대성공이었다.

땅과 사람의 분리는 켄터키 시골 지역 전역은 물론이고 전 세계 시골 어디에서나 벌어졌다. 그리고 현재도 벌어지고 있다. 땅과 사람 사이의 관계를 구해 낼 낼 수 있는 가능성은 있다. 그러나 그 가능성을 파괴하는 힘이 우리가 살아가는 데 꼭 필요한 가치와 실천까지 같이 파괴해 버리고 있다. 자유주의자도 보수주의자도 똑같이 이 문제를 보지 못하고 있다. 어느 수준에서 독립적이던 수많은 생산자들을 일시에 완전히 의존적인 소비자로 바꿔 놓았다. 이 변화는 너무 급작스러워서 여러 방향에서 파국을 불러왔다. 땅과 관계를 맺고, 땅을 지켜 주는 관계에 있던 사람들은 이제 스스로에게도, 남들에게도 쓸모없는 존재가 되어 버렸다. 돈이 없으면 안 되는 것이다. 필요한 것은 다 돈을 주고 사야 한다. 돈으로 살 수 없는 것들은 가질 수도 없다.

이 엄청난 변화가 바로 해리엇 아노*의 소설 『돌메이커*The Dolmaker*』의 주제다. 소설 초반부에서 주인공인 거티 네블즈는 아주 당찬 여인으로 나온다. 그렇다고 거티의 당찬 면이 정치적이든 사회적이든 경제적이든 무슨 '성공'을 거둔 데서 나온 것은 아니다. 켄터키 볼류Ballew의 산지에서 농사를 지으며 살아온 거티의 힘은 그녀가 매우 실용적이라는 데서 나온다. 거티 고향의 여러 자원 중에서 거티야말로 진짜배기라고 할 수 있다. 거티는 타고난 힘에 의지도 가졌고, 지역에 대한 지식도 풍부했다. 하고자 하는 일이 있다면 뭐든 해낼 수 있는 능력이 있었다. 그래서 거티는 고향 볼류에서 만족스럽게 살 수 있다. 그

---

* Harriette Arnow, 1908~1986. 미국 소설가. 『돌메이커』는 1954년에 발표된 그의 대표작이다.

러나 동시에 거티의 남편 클로비스에게는 만족하며 살 수 없는 조건이 된다. 클로비스는 띄엄띄엄 일하는 기술자이자 탄광 노동자다. 클로비스의 희망과 좌절은 낡아빠진 트럭으로 구현되어 있다. 소설의 배경은 제2차 세계대전이다. 세계도 사람들도 변하고 있었다. 신체적으로 불편이 있어 징집은 되지 않았으나 현대적인 삶과 '큰돈'을 벌 수 있다는 환상에 이끌린 클로비스는 디트로이트로 가서 '기계 수리하는 사람'으로 일하기 시작한다. 거티와 아이들은 클로비스를 따라 도시로 가는데, 그곳에서 자동차들은 "사람들을 위해 달리는 게 아니라 마치 스스로 온 세상을 달리는 것만 같았다." 알고 보니 클로비스는 아주 볼품없고, 몹시 좁고 벽도 얇은 아파트를 벌써 구해 놨는데, 중고차에 라디오에 여러 가지를 외상으로 사느라 이미 빚을 지고 있었다.

이런 환경에서는 거티의 실용적인 분별력도 별 효력을 발휘하지 못하고 그저 슬픔만 더할 뿐이었다. 고향에 있을 때 거티는 작은 농장을 사는 꿈을 꿔 왔다. 이제 얼마 안 있으면 자신이 실제로 능력과 의지를 발휘할 참이었고, 거티 삶의 큰 의미가 될 농장을 거의 손에 넣은 것이나 마찬가지였다. 그랬던 삶이 디트로이트에서 말도 안 될 정도로 생활이 협소해지자 거티는 생각한다.

'자유의지, 자유의지. 내 땅에 지은 내 집만이 자유의지를 가

져다줄 수 있다.'

(이제 우리는 안다. 거티가 바랐던, 사람과 땅이 서로를 지켜 주는 방식으로 살았던 사람들은 아직도 충분한 능력을 가진 반면, 디트로이트라는 도시는 파산했다는 것을.)

개인의 자기 결정권이 '자기 소유의 땅에 지은 자기 소유의 집'에 달려 있다는 걸 논리적으로 이해할 수 있으면 한 지역의 자기 결정권 또한 마찬가지라는 것을 쉽게 이해할 수 있다. 지역의 자기 결정권은 지역 근거지와 그 근거지를 사용하려는 계획을 합리적으로 평가할 수 있다는 데 달려 있다. 이것은 한 지역 또는 한 공동체에 '외부의 관심'이 미치는 영향력을 평가하는 기준을 제시해 준다. 또 '산업을 끌어들이는' 정책과 그렇게 들어온 모든 산업을 평가할 기준도 제시해 준다. 외부의 관심은 그 지역 사람을 도와주기 위해서라거나, 지역 공동체와 협조하기 위해서라거나, 그 지역 시골을 책임감을 가지고 대하기 위해 오는 것이 아니다. 만약 그곳이 다른 곳과 비교해 별 매력이 없고, 건질 것도 없고, 이윤을 낼 것도 없으면 산업을 끌어들일 까닭이 전혀 없다.

물론 유입되거나 들어오는 산업 모두에 반대하려는 것은 아니지만, 근린 지역과 지역 공동체들은 그 지역으로 들어오려는 외부의 관심을 주도적으로 다룰 수 있어야 한다. 지역 공동체는 주 정부나 다른 공공 기관들 **손으로** 주도권을 행사하게 해서는 절대로 안 된다. 그러려면 공공 기관은 아니지만 지역 사회에 기반을 둔 능력 있는 조직이 꼭 필요하다. 〈땅, 그리고 사람을 살리기 위한 애팔래치아 모임〉 같은 조직이 바로 그렇다. 우리는 그런 능력을 키워 가고 있다고 믿는다.

그러나 지역의 자기 결정권을 지키는 가장 좋은 방법은 지역의 자원을 활용하고 보호하는 데 기반한 지역 경제를 발달시키는 것이다. 그 지역의 자원에 지역 사람들의 지식과 기술도 포함되어 있음은 물론이다. 지역의 자원이 산업적인 개발을 위해 생산되거나 채굴되거나 외부로 실려 나가 버리면 지역적 가치는 하찮게 되어 버린다. 지역의 자원은 그 지역 사람들에 의해 개발되고 생산되고 처리 과정을 거치고, 무엇보다 그 지역 사람들에게 판매되었을 때 가장 가치가 높다. 다시 말해 지역의 자원은 지역의 경제를 지원하고 지역 경제의 지원을 받을 때 가장 가치가 높다. 바로 이 지점에서 우리는 지역 경제가 지역의 밭과 숲에서부터 아주 멀리까지 수요를 공급해 줌으로써 필연적인 다양성을 띠고 있음을 깨닫게 된다.

현재 상태로는 연방 정부도 정부 기관도 정부 산하 연구소도 켄터키 시골 지역의 땅과 사람들을 구해 낼 방법이 없다. 그 잘난 공공 기관의 인력들은 대기업 경제를 영속화하는 데 최우선적으로 헌신했을 뿐 켄터키의 소규모 공동체의 새로운 삶이나 생계에는 신경 쓰지 않았다. 그렇다고 해서 더 나은 정치와 더 나은 정책, 더 좋은 대표, 우리의 문제와 필요를 공적으로 더 잘 이해시킬 필요까지 포기할 건 없다. 하지만 정부의 여러 부서와 대학의 행정 부서 같은 곳으로부터 우리에게 필요한 도움을 **기대할 것을** 포기하고 나면 더 또렷해지고, 더 자유로워질 것이 분명하다. 우리 자신을 더 믿고 의지하게 되기 때문이다.

땅과 사람들을 정말 구하게 된다면 그건 그 지역 사람들이 자신들과 그 땅을 올바른 방법으로 존중했기 때문에 가능한 일이었을 것이다. 그들은 이웃 간에 유쾌하고 관대한 분위기 속에서만 이런 일을 해낼 수 있으며, 좀 더 상세히 말하자면 실질적이고 경제적인 방식으로만 이런 일을 해낼 수 있다. 그렇다면 어떻게 하라는 건가? 몇 가지 제안을 해 보겠다.

1. 먼저 정치인들이나 시사평론가, 온갖 전문가라는 사람들이 내놓는 생각은 듣지 말라. 그들이 하는 소리는, 궁극적인 현실은 정치적인 것이므로 궁극적인 해결책도 정치적인 것이라는 소리다. 우리의 프로젝트가 땅과 사람을 살리는 것이라면 진짜 해야 할 일은 지역적으로 이루어져야 한다. 우리가 정치적인 도움을 받을 수 있다면 당연히 그 도움을 받을 것이다. 그러나 정치인 대부분 그럴 수 있는 힘이 없다. 정치인들 앞에 줄 서는 것 말고도 할 수 있는 일은 많다.

사람들이 변한 뒤에야 정치도 변하는 법이다. 정치가 변한 뒤에 사람들이 변하는 것이 아니다. '지도자'는 지도를 받아야 할 사람들이다.

2. 우리는 우리의 기준에 따라 어떤 도움이 **실제 도움이 될 때에만** 권력과 부와 충고의 핵심에서 나오는 도움을 받아야 한다. 기업들과 기업이 부리는 정치인과 학자들의 목표는 거대하면서 표준화된 산업적 해결책으로, 어디에나 적용할 수 있는 목표다. 존 토드의 말을 빌려 쓰자면 우리의 목표는 '(모든) 장소의 독자성에 근거한 우아한 해결책'이어야 한다.

3. 오늘날 국내 경제와 세계경제의 지배적인 생각은 경쟁, 소비, 글로벌리즘, 기업 이윤, 기계적 효율성, 기술 변화, 경제성장이다. 이 모든 생각들에는 땅과 사람들에게 폭력을 행사해도 된다는 암시가 들어 있다. 그러나 우리는 이와는 정반대로 공경, 겸손, 애정, 친근함, 친절함, 협동, 절약, 타당함, 지역에 대한 헌신 등을 다시 한 번 생각한다. 내가 생각하기에 이런 가치는 최고의 유산이다. 이런 가치는 우리를 편안하게 만든다.

4. 우리에게 닥친 문제가 큰 문제라고 해서, 그에 걸맞은 큰 해결책이 반드시 있는 건 아니다. 그러려면 반드시 필요한 변화들이 개인 차원이나 가족이나 가구 단위, 지역 공동체 차원에서 이루어져야 할 것이다. 그러므로 우리는 규모의 중요성을 이해해야 하고 우리의 땅과 요구에 맞는 규모를 결정하는 법을 배워야 한다. 외부에서

들어온 산업들은 소규모 공동체와 지역 생태계를 파괴하는 경향이 있다. 외부 유입 산업이나 외부 유입 기업인들은 규모의 문제를 무시하기 때문이다.

5. 가족 단위와 지역 공동체의 자급자족 경제의 중요성을 이해하고 새롭게 확인해야 한다.

6. 문화적 연속성과 공동체의 생존을 위해 교육의 목표와 가치, 비용을 다시 고려해야 한다. 특히 고등 교육이 그러하다. 졸업하면 집을 떠나거나 실직, 아니면 빚더미에 빠지거나, 두 가지 상태에 다 해당되는 경우가 너무나 흔하기 때문이다. 젊은이가 빚더미에 빠져 대학을 떠나 겨우 가는 곳이 집인 경우가 너무나 많다면 다시 생각해봐야 한다. 지식은 절대로 너무 많다고 할 수 없다. 하지만 대학은 분명, 너무 많다고 할 수 있다.

7. 모든 공동체들은 그 지역 사람들이 그 지역 땅을 얼마나 소유하고 있는지, 지역에서 필요로 할 때 얼마를 쓸 수 있는지 알아 두어야 한다.

8. 마찬가지로 그 지역 생산물을 그 지역에서 얼마나 필요로 하는지도 정확히 알아야 한다.

9. 일단 파악이 되면 수요량을 어떻게 충족하는 것이 최선인지 지역 사람들끼리 대화를 나누어 보아야 한다.

10. 산업적인 토지 사용 기술은 비용이 높다. 따라서 땅을 함부로 쓰거나, 강제로 쓰게 되는 경우가 생긴다. 이 기술은 '노동절약형'이

라고 광고하지만 사실은 인력을 대체하는 기술이다. 사람은 사라지 거나 비고용 상태가 되고, 토지 생산물은 폭력적으로 빼앗기고 수 출되며, 토지는 황폐화되고, 강물은 오염된다. 우리의 고향을 지키 고 우리 스스로 살아남기 위해 토지 이용에 더 숙련되고 조심스러 운 자세로 접근할 사람이 있어야 한다. 물론 어려운 일이다. 그러기 위해서는 지역 활동가나 비정부기구가 나서야 한다. 무엇보다도 땅 을 파괴하는 경제를 지속하려는 사람들이 만든 경제에서 어떻게 좋 은 토지 이용을 기대하겠는가.

11. 토지 경제 분야에서 실제적인 일을 떠맡고 가장 직접적인 위험 을 안고 사는 사람들은 항상 배려는 제일 나중이고 보수는 제일 박 하게 받는 사람들이다. 그래서 우리는 토지 이용 계획이라는 목표를 위해 토지 소유자들과 토지 이용자들의 협회를 설립하고, 공정 가 격 관리와 유지를 공급하기 위한 협회를 설립하는 데 할 수 있는 모 든 것을 해야 한다. 이곳 켄터키에서 예를 들 수 있는 가장 유사하고 친숙한 모델은 연방 담배 프로그램인데, 이것은 소규모든 대규모든 농가에 동일한 경제적 지원을 해 주는 프로그램이다.

12. 켄터키 시골 지역의 땅과 사람들을 구하는 데 관심이 있다면 편 견이라는 문제와도 맞닥뜨려야 한다. 켄터키 사람들 중에는 스스로 에 대한 편견이 심한 이들이 매우 많다. 그들은 자신들이 촌사람이 고, 후졌고, 무식하고, 못났기 때문에 '발전의 길에 서 있을' 가치조 차 없다는 말을 하도 많이 들어서 스스로도 그 말을 믿어 버릴 지

경이 되어 버렸다. 그 '발전'이라는 것이 그들의 땅과 집을 파괴하는 상황인데도 말이다. 탄전같이 좋은 곳을 파괴해 버렸다거나 '랜드 비트윈 더 레이크스Land Between the Lakes* 같은 곳을 적대적 매수로 전용해 버린 사실은 믿기 어려울 정도다. 공공 기관의 눈에는 거기에는 '시골뜨기'나 '촌놈'밖에 살지 않는다고 보였던 것이다. 그러나 켄터키 시골 지역에는 냉대를 받는 또 다른 사람들에 대한 편견도 여전히 살아서 활개를 치고 있다. 그런 정서는 사람들을 고립시키고 관계를 허약하게 만들며 뿔뿔이 흩어지게 한다. 그러면 우리가 필요로 하는 것과 우리의 일에 사랑이라는 공급원이 부족해질 뿐이다.

마지막으로 이 강연을 들으러 와 주신 청중들에게 감사하고 싶다. 〈커먼웰스를 지지하는 켄터키 사람들Kentuckians for the Commonwealth〉이라고 불리는, 또는 그 비슷한 조직이 아예 없었던 때가 생각난다. 그래서 이런 조직이 얼마나 귀한지도 안다. 여러분의 일원이 되어 참으로 자랑스럽다. 내가 세운 가정 중에 틀린 것도 있겠지만 그런 것을 넘어서서 진짜 이웃을 향해, 우리 발 아래 진짜 땅을 향해 갈 수도 있겠다는 점을 강연 중에 느꼈다. 우리의 땅과 우리의 이웃들을 믿는다면, 땅과 사람들이 떨어지

---

* Land Between the Lakes, 켄터키 주와 테네시 주에 걸친 넓이 약 688*km²*의 국유림.

지 않는다면, 우리는 올바른 일을 찾을 것이다. 그리고 길고 힘
들지만 반드시 해야 하는, 우리의 행복한 노력 또한 계속될 것
이다.

〈커먼웰스를 지지하는 켄터키 사람들〉을 위한 강연,

켄터키 주, 캐럴턴,

2013년 8월 16일

5장

더 적은 에너지,
더 풍족한 삶

2013

내가 아는 많은 사람들, 그리고 나는 산 정상을 제거하는 형태의 광산 채굴 방식*과 기후변화에 관심이 많다. 극단적인 위험 상황이 올 때까지 이런 문제에 관심 두는 것을 미뤘다가는 이미 너무 늦을지도 모른다. 물론 이미 늦었는지 아닌지는 우리가 신경 쓸 질문이 아니다. 이미 한참 늦었다 할지라도 우리는

---

* mountaintop removal, 산 전체를 위에서부터 깎아 내리면서 석탄이 아닌 흙은 옆의 계곡으로 밀며 채굴하는 방법.

책임을 인정해야 하고 개선책을 찾아보아야 한다.

사실 산 정상을 제거하는 채굴 방식과 기후변화는 일반적인 문제 해결책으로 해결할 수 있는 단순한 문제가 아니다. 이 문제는 사람들이 기대고 있는 나쁜 경제, 우리 모두가 한몫하고 있는 바로 그 나쁜 경제의 온갖 원인들이 모여 이루어 낸 악의 집합체다.

그렇다고 해서 우리가 아무런 경고를 받지 않았던 것도 아니다. 낭비, 사치, 이기심, 교만, 거짓, 의도적인 무시에 대한 충고는 이미 오래전부터 있었다. 그런데 종교인들은 경제에 대한 물음, 즉 어떻게 살아야 하는가에 대한 물음을 대부분 경제학자나 산업가들에게 맡겨 버렸다. 환경론자들은 기술로 생긴 문제들은 더 많은 기술이나 '대안' 기술로 해결하거나 '통제'될 수 있다고 생각하는 것 같다. 종교인이든 환경론자든 큰 문제에는 큰 해결책이 있다고 보는 듯하다. 둘 다 틀렸다.

해리 코딜이 『컴벌랜즈에 내린 밤』*을 출간한 것은 50년 전이었다. 이 책은 애팔래치아 산맥 탄전의 '빈곤 문제'를 해결하는 데 연방 정부가 나설 정도로 대단한 관심을 불러일으켰다. 이 책은 토지와 사람에 대한 산업적 강탈이라는 근본적인 문제점을 말하고 있다. 그 문제는 공식적으로, 그리고 관습적으로 이

---

* 4장의 해리 코딜과 같은 인물이다. *Night Comes to the Cumberlands*, 1962.

미 50년 넘는 시간 동안 외면당하고 무시당해 온 참이었다. 적어도 1963년까지는 그랬다. 당시 정치인들은 특정 지역의 건강과 경제를 개선하려는 노력은 한 가지 문제만 해결하면 끝나는 문제가 아니라는 것을 모르고 있었다. 물론 해리는 잘 알고 있었다. 다행인 것은 한 가지 문제에 딱 한 가지 해결 방법만 있는 게 아니라는 사실이었다.

인류는 화석연료를 캐고 옮기고 사용하는 과정에서 여러 생명체에 장기적이고 영구적인 손상을 가져오게 되었다. 이야말로 우리 시대 가장 절박한 공적 문제 중 하나이며, 분명히 정치적으로 해결해야 하는 일이다. 더 나은 경제, 더 나은 삶을 꾸려 갈 책임은 각자, 그리고 각각의 공동체가 질 수밖에 없다. 산업경제와 산업경제의 자유시장이라는 것이 우리에게 처방해 준 관계에 기초해서는 꼭 필요한 변화를 가져올 수 없다. 이 변화는 자연, 그리고 지역 생태계가 우리와 맺고 있는 관계에 기초해서만 이루어질 수 있다.

우리가 이런 거대한 문제를 진지하게 대하기 시작한다면 이 문제의 해결책이 우리들 자신과 함께 시작하고 또 함께 끝나는 것을 보게 될 것이다. 그러면 우리는 지나치게 단순화하는 습성을 버리게 된다. 이 땅이, 그리고 사람들이 피폐해지는 것을 보고 싶지 않다면 우리는 스스로 가난하게 살 준비를 해야 한다.

우리가 인간으로서 스스로를 계속 존중하고 싶다면 화석연료에 기대고 있는 지금의 경제를 마침내 끝낼 수 있도록 최선을 다해야 한다. 화석연료 경제를 끝장내는 일을 시작한다면, 그 일이 성공했을 때 이 세상과 우리의 삶이 얼마나 급격하게 바뀔지 미리 알고 있어야 한다. 상상 이상일 것이다. 깨달음이 있어야만 성공할 수 있다. 화석연료 경제를 끝장내려면 2백 년 이상 이 세상을 지배해 온 기계적인 사고방식부터 버려야 할 것이다. 우리 안에서부터 변화를 이루어야 할 것이고, 지금 당장 시작해야 할 것이다. 꼭 필요한 정치적 변화는 반드시 이미 변화된 사람들에 의해서만 이루어지기 때문이다.

화석연료 에너지는 '청정'에너지만이 아니라 **적은** 에너지로도 대체되어야 한다는 점도 꼭 이해하자. 무한정 마구 쓰게 되면 그것이 **어떤** 에너지로 대체된다 해도 한정 없는 경제성장이나 권력처럼 파괴적인 결과를 가져올 것이다. 만약 무료에다 오염 없는 에너지를 한정 없이 쓸 수 있다면 오늘날 우리가 에너지를 쓰는 속도보다 더 빠르게 이 세상을 완전히 다 써 써 버리고 말 것이다. 이미 쓰고 있는 에너지부터 그 사용량을 제한하는 데 찬성하지 않는다면 우리는 아직도 진지하다 할 수 없다. 화석연료부터 시작해 에너지를 배급제로 하는 것에 찬성하지 않는다면 우리는 아직도 진지하지 못한 것이다. 우리에게 돈이 있는데도 오염물 배출 회사가 1달러를 벌지 못하도록 2달러를 내는 데 주저한다면, 우리는 아직도 진지하지 못한 것이다. 독극물과 폭발물, 인화물을 만드는 회사들이 우리의 삶을, 이 세상의 운명을 결정짓지 못하게 해야 한다. 우리가 그렇게 결심한다면 그런 회사에 의존하던 삶의 영역과 그런 회사들에 갖다 바치던 돈을 줄여 나갈 수 있을 것이다. 결국 우리는 지금보다 더 진지해질 것이고, 아주 복합적이면서 실제적인 노력을 계속할 수 있게 될 것이다. 이렇게 우리의 삶을 개선함으로써 우리는 우리 삶의 가능성도 개선해 나갈 수 있을 것이다.

유니테리언* 총회 강연,
켄터키 주 루이스빌,
2013년 6월 20일

---

* Unitarian, 그리스도교의 정통 교의인 삼위일체론에 반하여, 그리스도의 신성神性을 부정하고 하느님의 신성만을 인정한다.

6장

불편한
중간 지대

2013

요즘 같은 정치 환경에서는 자유주의 아니면 보수주의 둘 중 한쪽에 서야 하는 것 같다. 그러나 자유주의라는 딱지도 보수주의라는 딱지도 지적인 책임이라는 점에서는 별 대단한 의미가 없다. 또한 경제력이나 군사력으로 땅과 사람과 생명을 파괴하는 우리 시대의 엄중한 문제 앞에서 자유주의도 보수주의도 아무런 힘도 못 쓴다는 점에서는 역시 별 의미가 없다. 진짜 문제는 어느 한쪽을 선택하고 그 한쪽과 그 제도의 '사상'이나 '입장'을 받아들인 뒤 영원히 그쪽과 동일시되어 버린다는 점이다. 자기가 투표하는 당이 곧 자기 자신이 되어 버리는 것이다.

그리하여 우리는 십 대의 희망 사항 문화 비슷한 것 속으로 진입해 버린 것 같다. 지나치게 단순화되고 절대적인 '지위'를 주장하면서도 지식이나 생각, 손실, 비극, 피나는 노력, 당혹스러움, 고통스러운 선택은 전혀 요구하지 않는 문화 말이다.

이런 문제들과 관련하여 나는 오늘날 정치적인 두 입장 어느 쪽에도 찬성하지 않을 때가 많다. 이들이 사람들에게 억지로 도덕적인 책임을 지우려고 정부의 힘과 권위를 불러일으키려 할 때는 특히 더 그렇다. 자기들이 미리 정해 놓은 도덕적 책임감을 어떤 가족들이나 지역 공동체들이 채워 주지 못하면, 옹호할 수 있든 없든 상관하지 않고 그들은 정부에 호소해 버린다. 정치적 도덕성의 우월함을 확보하려는 양측 사이에서 이제는 중간 지대가 너무나 흔들려, 아예 완전히 사라져 버렸다고 해야 할 정도다. 이 중간 지대는 한때는 공동체와 가족들이 차지했던 지대로, 공동체와 가족들의 일관성과 권위는 이제 양극단의 정치적 입장의 방조 아래 기업 산업가들의 경제결정론 economic determinism에 의해 모조리 파괴되어 버렸다. 두 정치적인 입장의 잘못은, 가족과 공동체라는 필수적인 구조의 와해를 수용 가능한 '발전의 대가'로 수긍하고 사주한 뒤에, 정부에 기대어 그 빈 공간을 채우도록 하거나 정부가 그 빈 공간 속으로 빨려 들어가게 했다는 점이다. 이런 식으로 실패한 정부의 실책 두 가지를 들자면 아마도 금주법과 마약 전쟁이 될 것이다. 또 다른 사례로는 정부가 지정하는 의무교육을 들 수 있겠다.

중간 지대에 있는 나는 가족과 공동체가 오늘날 아무리 힘이 약해졌다 해도 여전히 꼭 필요한 구조라고 믿고 있다. 물론 그 입장 때문에 몹시 불편한 상황에 놓이곤 한다. 그럼에도 내 입장이 가장 실용적이다. 나는 정부가 무슨 일을 하면 안 되는지를 물을 필요도 없고 기대할 필요도 없다고 본다. 정부는 가족의 권위를 제대로 행사할 수 없으며 공동체나 개인의 도덕적 행위의 기준을 효과적으로 강제할 수도 없다.

지금까지 어느 정도는 '이동성'이니 '성장'이니 '발전'이니 '해방'이니 하는 말로 덮어 왔던 가족과 공동체의 붕괴는, 개인 성격의 붕괴와 더불어 생기는데 이것 자체만으로도 사회적인 대재앙이다. 그렇게 되면 개인은 정부가 부과하는 것 말고는 아무런 요구도, 아무런 구속도 없는 상태가 된다. 자유주의적인 개인은 개인의 선택과 행동에 부과된 제약으로부터 자유를 갈망하며, 때로 그 자유는 가족과 공동체에 부여된 책임으로부터 벗어난 자유까지 확장되기도 한다. 보수주의적인 개인은 경제적인 선택과 행동에 부여된 제약으로부터 자유를 갈망하며 때로 그 자유는 사회적이고 생태적이며 심지어 경제적인 책임으로부터 벗어날 자유까지 확장되기도 한다. 이렇듯 타락한 자유에 사로잡힌 양측의 사람들은 위험을 직시하지 않았고 기업에 좌우되는 정부가 저지른 실패에 눈을 감았다.

그들만의 가족의 가치를 정부가 지켜 주기를 바라는 기독교인들, 또는 사회보수주의자들은 기업금융 보수주의자들의 유혹에 넘어갔다. 그런데 이 기업금융 보수주의자들은 가족을 혐오하면서, 자신들이 벌어들인 개인 자산이라는 유사종교를 정부가 지켜 주기를 바란다. 자유주의자들은 주식회사의 부에 제한을 두어서는 안 된다고 요구하고, 개인의 권리와 자유라는 그들의 유사종교를 정부가 더더욱 확장해 주기를 바란다. 한쪽은 일 년 365일 하루 종일 비어 있는 임시 가정 같은 가족의 가치를 지지한다. 다른 한쪽은 작지만 실제적인 자유를 제공해 주되, 특별한 책임은 부여하지 않는 자유를 증진하려고 한다. 우리는 이렇게 모두가 하나같이 궁핍하고 탐욕스럽고 욕심 사납고 화가 나 있다. 그러면서도 외로운 사람들에 대해 얘기하고 있다. 결국 우리가 얘기하는 것은 서로를 소외시키는 정치인 것이다. 이런 얘기를 하면서 양측은 열을 내며 서로서로 옳다고 하지만 그것은 근거가 허약한 극단일 뿐이며 따라서 타협도 어렵다.

이 미숙한 양 극단의 정치학이 가장 배려 없이 시끄럽게 제

주장을 해대는 분야가 바로 낙태와 동성결혼일 것이다. 여기서 진짜 문제는 개인, 또는 사적인 삶을 정치화하는 것이다. 결국 제대로 된 정치적 담론이나 대화가 없는 상태에서 문제는 두 가지의 극단적인 입장으로 환원되어 버렸다. 진정 공적이고 정치적인 관심사에서 멀어졌다는 문제 말고도, 사생활의 공공화는 사생활의 폭로를 포함하고 있기 때문에 비인간적이며 그 자체로 독재적이다.

보리스 파스테르나크의 『닥터 지바고Doctor Zhivago』가 서구에서 출간되고 1958년에 노벨 문학상을 받았다는 이유로 소련 정부로부터 파스테르나크가 보복을 당한 뒤에 토마스 머튼Thomas Merton이 이런 글을 썼다.

> 공산주의는 비정치적인 범주와는 편하게 지내지 못하며 어떤 식으로든 정치적이지 않은 현상은 다루지도 못한다. 어떤 현상을 '정치적'인 것으로 잘못 진단해 놓고는 반드시 그걸 강제로 정치적인 것으로 **만들어 버리는** 잘못을 저지르는 것이 바로 스탈린-마르크스주의 유일 논리의 성격이다.
>
> — 『논쟁Disputed Questions』, 42쪽

반공주의가 생긴 지도 몇십 년이 흐른 지금, 머튼이 남긴 글은 우리 시대를 매우 잘 설명해 준다. 오랜 세월 적대하며 살았

던 사람들은 마침내 적대해 온 사람들을 닮아 가기 시작한다. 전에도 이런 일이 있었으며, 이것은 전쟁의 논리 안에 깊이 내재되어 있다.

그 원인이 무엇이든지 간에, 우리는 구소련에 버금갈 정도로 비정치적인 것을 정치화하는 데 아주 능수능란해 보인다. 가장 두드러진 것은 두 정치적 극단의 방조 아래 우리가 성 정치학을 만들어 냈다는 점이다. 우리의 정치적 전통의 기준에 따르면 성 정치학은 용어 그 자체로 이미 모순이다. 다시 말해 공적인 삶과 사적인 삶 사이에 연속적인 정치적 구별이 존재한다면 용어의 모순이라는 것이다. 공적인 삶과 사적인 삶의 구별은 결국 수정 헌법 제1조*로 보호되는 자유의 근간이며, 이 조항이 근본적으로 보호하는 것은 사람들의 생각과 믿음은 정부의 합법적인 관심사가 아니라는 점이다. 정부는 우리의 개인적 삶과 우리의 사적인 사랑과 우리의 기도, 우리의 정치적 의견에 대해 책임질 입장에 있지 않다. 정부는 우리의 영혼에 대해 책임을 질 입장이 아니다. 건국 초기 정부를 구성했던 이들도 그런 것에 규제를 두었고, 함부로 우리의 가정과 우리의 마음을 소유하지 못하도

* 미국 헌법 수정 제1조. 언론·종교·집회의 자유를 정한 조항으로 1791년 채택되었다. 전문은 다음과 같다. "의회는 종교를 만들거나, 자유로운 종교 활동을 금지하거나, 발언의 자유를 저해하거나, 출판의 자유, 평화로운 집회의 권리, 그리고 정부에 탄원할 수 있는 권리를 제한하는 어떠한 법률도 만들 수 없다."

록 했다.

나 역시 보수주의자들처럼 거대 정부에 대해서는 걱정이 많다. 비록 거대 기업을 규제하고 기업에 의해 피해를 입은 이들을 돕기 위해 큰 정부가 도입된 것으로 기억하고 있기는 하지만 말이다. 거대 정부에 대한 두려움 못지않게 제한이 없는 정부에 대해서도 마찬가지로 두렵다. 다시 말해 그런 정부는 전체주의 정부다. 길고도 큰 비용을 치렀던 공산 독재에 대한 저항 끝에 자본주의 독재로 향하는 열정과 변명이 서서히 떠오르는 것을 봐야 한다고 해서 그렇게 경악스럽지는 않다. 이러한 열정 중에서 가장 서서히 퍼져 가는 열정은, 국교state religion를 향한 열정과 개인 행동에 대한 정부의 규제다.

성 정치학은 어떤 권리에 대한 공적인 의견 충돌과 관계가 있다. 이 권리는 아주 타당하면서도 새로운 주장을 하고 있다. 또한 이 권리는 기원이 모호하면서도 매우 논쟁적이고 정치적으로 해결이 가능해 보이지 않는 논쟁거리를 양산한다. 그리고 이 가운데 가장 대표적인 사례는, 끝없는 논쟁을 불러일으키는 낙태일 것이다.

얼마 전까지만 해도 낙태는 미국에서 불법이었다. 낙태가 당연히 불법이라고 생각해 온 것은 여성이 자신의 아이를 죽이는 것에 대한 본능적인 혐오 때문이다. 그러다가 1973년 대법원이로 대 웨이드 판례*에서 부분적으로 낙태를 합법으로 판결했다. 이 판결은 수정 헌법 제14조**에 의거하여 사생활에 대한 권리에 기초해 내려진 것인데, 인간의 태아는 법적으로는 사람이 아니므로 수정 헌법 제14조의 보호를 받지 않는다는 점에서 매우 두드러지고 논쟁적이라 할 수 있다. 상식에 비춰 보면 태아와 인간을 이런 식으로 구분하는 것은 너무도 자의적인 것이라 어쩔 수 없는 골칫거리의 근원이 된다. 우선 **태아**라는 말은 과거에는 임신한 여성이 거의 사용하지 않았던 기술적인 용어일 뿐이다. 임신한 여성은 자기 뱃속에서 형체를 갖추어 가는 그 생명체를 가리켜 전통적으로, 그리고 자연스레 **아기**라고 불렀다. 다시 말해 그것은 인간, 사람을 뜻했다. 낙태 관련 논쟁은 태아가 언제 인간, 또는 사람이 되는지, 언제 생명이 시작하는지, 언제 낙태

---

* Roe v. Wade, 1973. 헌법에 기초한 사생활의 권리가 낙태의 권리도 포함하는지를 놓고 내려진 미국 대법원의 판례. 이 재판에서 미국 연방 대법원은 여성은 임신 후 6개월까지 낙태를 선택할 헌법상의 권리를 가진다고 판결했고, 또 출산 전 3개월 동안은 낙태를 금지할 수 있다고도 판결했다. 1973년 이전까지 미국 대부분의 지역에서는 낙태가 불법이었다.

** 미국 헌법 수정 제14조. 모든 미국인의 동등한 권리를 보장하고 노예였던 사람들의 시민권을 인정한 조항으로, 1866년에 채택되었다. 제1절 전문은 다음과 같다. "미국에서 태어나거나 귀화한 자 및 그 사법권에 속하게 된 사람 모두가 미국 시민이며 사는 주의 시민이다. 어떤 주도 미국 시민의 특권 또는 면제 권한을 제한하는 법을 만들거나 강제해서는 안 된다. 또한 어떤 주도 법의 적정한 절차 없이 개인의 생명, 자유 또는 재산을 빼앗아서는 안 된다. 게다가 그 사법권 범위에서 개인에 대한 법의 동등한 보호를 부정해서는 안 된다."

가 합법이 되는지, 낙태를 '살인'이라 불러야 할지 아니면 '임신 중절'이라 불러야 할지 등을 놓고 끝없는, 끝을 낼 수 없는 불화를 만들어 낸다. 배웠다는 사람들 중에는 잉태 순간부터 생명이 시작된다는 생각을 조롱하는 이들도 있다. 그러나 만일 생명이 잉태의 순간에 시작하지 않는다면, 우리는 지금 궤변을 늘어놓고 있는 거나 마찬가지다. 생명이 **시작되었다고들** 하는 시점에 대한 논쟁이나 벌이고 있으니 말이다.

낙태할 권리는 여성이 자신의 몸을 통제할 권리로 널리 정당화되었다. 그런 권리는 여러 다른 권리에도 암시되는 것 같지만, 최근에야 이런 식으로 언급되었다. 그렇기 때문에 혼란스럽기도 하다. 왜냐하면 관습법이든 성문법이든 법은 사람들이 다른 사람의 몸을 살해하지 않도록 자기 몸을 통제할 것을 **요구**하기 때문이다. 물론 정부에 의해 그렇게 하도록 명령을 받는 경우는 제외하고 말이다. 어떤 요구가 언제, 그리고 왜 권리가 되는지, 그리고 그 요구나 권리가 언제, 그리고 왜 중단되거나 반대에 부딪히는지를 말하는 것은 상당히 길고 상세한 설명을 필요로 한다. 그런 상세한 설명이 가능하다면 말이다.

어느 한쪽에서는 종교적으로 낙태가 여전히 금기 사항이다. 또한 수많은 사람들이 낙태에 대해 해묵은 혐오 감정을 여전히 품고 있는 것이 사실이다. 그리고 다른 한쪽에서는 낙태의 합법화만이 여러 여성들이 현실적이고 절박한 이유로 필사적으로 느끼는 필요성에 답할 수 있다고 본다. 또한 합법적인 낙태는 적어도 무능하고 자격 없는 자들이 비위생적인 곳에서 위험하게 수술할 수도 있는 불법 낙태를 종식할 수도 있을 것이다.

지극히 중대하고 중요한 질문들이 또 있다. 인간 지성의 범위를 넘어서고 영원히 신비의 베일 속에 가려진 삶과 죽음의 문제가 그것이다. 인과관계의 열차는 너무나 빨리 달려 시야를 벗어나 버렸다. 나는 이렇게 말하는 사람을 본 적 있는데, 그럴싸했다. "생명은 발기했을 때부터 시작합니다." 옛날 나이 든 사람들은 젊은이들을 '네가 네 어머니 눈동자 속 표정이던 시절'에 비유했다. 하지만 내가 유전학자인 웨스 잭슨Wes Jackson에게, 진짜로 생명은 잉태되는 순간부터 시작하느냐고 물었더니 그는 이렇게 답했다. "생명은 잉태의 순간부터 **계속**됩니다." 이 말은 결국 상당히 진지한 말이다.

어떤 선택을 할 때 우리는 그것이 미래를 위한 선택이라고 믿는다. 따라서 우리는 선택을 함으로써 신비와 비극에 참여한다. 아기를 갖겠다는 선택, 아기를 낙태시키겠다는 선택, 생명을 구하거나 생명을 파괴하겠다는 선택은 부분적인 지식을 근거로 하여 전면적인 변화를 가져오는 일이다. 현재 알고 있는 것에 비추어 과거를 선택하고 영원히 피할 수 없도록 미래를 바꾸어 버린다. 다른 선택을 내렸더라면 어쩌면 달라졌을 수도 있었겠지만, 이제는 영원히 알 수 없게 되어 버렸다.

이렇게 복잡하고 신비스러운 일을 극단적인 두 집단에 내맡겨 버리니 뭐 하나 제대로 될 리가 없다. 물론 석연찮기는 하나 자연스럽고 그럴듯하게 들리는 주장들도 있다. 왜냐하면 우리는 잘 모르기는 해도 두 가지 가능성 모두에 귀를 기울이기 때문이다. 성자, 영웅, 위대한 예술가와 과학자들도 태아에서 시작했다. 폭군, 독재자, 대량학살자도 물론이다. 선택이 선과 악 사이에서 반드시 깔끔하게 금이 그어지는 것은 아니다. 우리 가련한 인간들은 경쟁하는 두 선과, 어떨 때는 경쟁하는 두 악 사이에서 선택을 해야 한다. 책임과 상황이 우리에게 선택을 요구할 것이다. 그러나 갈팡질팡하지 않기를, 또는 슬퍼하지 않기를 선택할 수는 없다.

신학자인 윌리엄 헐William E. Hull은 종교 단체를 갈라놓는 파괴적인 적대감에 대해 우려를 표하면서 이런 질문을 던졌다. "적대감을 낳는 언쟁을 어떻게 하면 피할 수 있을까?" 헐은 답도 내놓았다. "승리가 아니라 명료함을 찾음으로써 피할 수 있다." (『장벽을 넘어Beyond the Barriers』, 169쪽) 정말 옳은 말이다. 나는 낙태를 둘러싼 논쟁에서 작으나마 명료함을 찾았다. 양쪽 다 사람이며, 그들의 생각과 느낌은 상당히 다르고 정치적 입장도 다르다. 그러나 정치적 입장과 관계된 문제는 일반화되고 정치적 분위기를 띤 것이어서 그들은 단순함으로 명료함을 대체해 버린 것이다. 낙태의 미스터리, 당황스러움, 그에 따른 고통 같은 실제 경험과 낙태라는 통계적 사실을 분리해 버림으로써 단순함은 모호하고 무정한 것이 되어 버렸다. 낙태를 옹호하는 입장에서 보았을 때 낙태는 그저 하나의 권리일 뿐이고, 낙태당하는 생명체는 태아이며, 낙태라는 행위 그 자체는 있는 그대로의 의료 절차에 의한 임신의 중단일 뿐이다. 낙태에 반대하는 입장에서 보면 낙태는 잘못된 행위로서 대지의 법인 도덕이나 종교의 법에 따라 거부하거나 반대해야 한다. 그러나 양측 다 동일하게 인간의 고통과 인간에 대한 공감의 가능성이라는 진실은 무시하는 것 같다. 성 정치학에는 원칙과 추상은 흘러넘치나 나머지는 다 메말라 있다. 낙태를 원하거나 필요로 하거나 거부하는 실제 여성은 이 논쟁에 존재하지 않는다.

나는 이 문제가 어떤 여성을 상상함으로써만 명료해진다고 본다. 이 여성에게 낙태는 가슴 찢어지는 두 가지 선택 중 하나다. 하나는 혼자서 내려야 하는 선택으로, 그 어떤 선택을 하든지 아마도 평생 감정적으로 고통을 받으며 살아야 하는 그런 선택이다. 이 여성은 서로 반목하는 정치적인 양 극단의 분위기 속에서는 고통스럽기 때문에 공적인 논의에는 어디에도 받아들여질 수 없다. 그러나 이 여성의 사례는 놀라울 정도로 명료하다. 공적인 논쟁에 이 여성이 빠져 있다는 사실만으로도 양 진영은 충격을 받아야 한다.

나는 낙태로 인한 사회적 갈등의 진실을 찾을 가능성이 있는

지 확신하지 못하고 있으며, 아마도 수많은 사람들도 그럴 테지만 나 역시 입장이 중간쯤 어디일 텐데, 공적인 합의의 가능성은 없는 것 같다. 공정하게 말하면, 낙태의 경험과 역사 속에는 옳음과 그름의 그림자와 뒤섞임이 있다고 인정해야 한다. 일반적인 인간의 조건이 그렇듯이 우리는 그림자 없는 빛이나 전적인 암흑 사이의 선택을 다루는 것이 아니다.

나는 어머니의 생명을 구하기 위해서가 아니면 낙태에는 반대한다고 여러 차례 말했다. 그 생각은 지금도 변함없다. 왜냐하면 전통적인 믿음을 강력하게 고수하기 때문이다. 낙태를 찬성하는 쪽과 달리 나는 낙태를 살인이라고 본다. 낙태가 살인이 아니면 뭐란 말인가? 살해당한 생명체는 인간이다. 왜냐하면 그 생명체가 다른 종이 아닌 인간 종이고 비존재가 아니기 때문이다. 또한 나는 생명을 파괴하는 경제와 삶의 방식에 대해서도 마찬가지로 강력하게 반감을 느끼며 매일같이 모든 생명체를 소중히 여길 필요가 있다는 것도 느낀다. 나는 정의니 국방이니 하는 이름으로 행해지는 공적인 살해에도 반대하고 특정 산업 기업의 비용이니 부산물이니 하는 식의 살해에도 반대한다. 그러나 이 세상에서 살아가는 데 내재되어 있고 피해 가지 못하는 잔인함에 대해서도 잘 알고 있다. 모든 생명체는 다른 생명체를 먹으면서 살아야 한다는 사실 말이다. 그리고 그런 비용을 요구하고 보상하는 올바른 방법도, 잘못된 방법도 나는 알고 있다.

그러나 내가 낙태를 반대한다고 해서 낙태를 받는 여성을 기꺼이 도와주고 편안하게 해 주는 상황을 내가 상상도 하지 못한다고 말하는 건 절대 아니다. 나는 이제 내게는 도덕적으로 난관인, 어쩌면 도덕적으로 모호한 문젯거리에 도달했다. 나는 어떤 상황에서는 누가 낙태를 받는다면 기꺼이 도와줄 수도 있다고 말하겠지만, 살인을 기꺼이 돕겠다거나 사주하는 일은 못 하겠다고 말할 것이다.

여성이 자기 몸을 통제할 권리에 대해 어떻게 생각하든지 간에 낙태를 선택한 여성의 입장에서는 낙태가 자기 몸이 깊숙이 관여된, 매우 사실적이고 긴박한 고려 사항일 수밖에 없다. 말로 다 표현하지 못할 만큼 말이다. 반면 남성 입장에서는 아주 특별한 고려 사항일 뿐이다. 남성이 낙태에 참여할 수도 없고, 실제로도 참여하지 않는 것이 사실이라고 해도 남성인 내 몸이 낙태가 잘못이라는 내 믿음까지 무효로 만들지는 않는다. 그저 몸의 차이에 각별히 유의할 필요가 있음을 알 뿐이다. 어떤 사람이 이미 이 세상에 태어난 어떤 사람을 죽이겠다고 공개적으로 선언하면 우리는 그 사람을 공적인 살해 위협을 하는 사람으로 보고 주시하겠지만, 어떤 여성이 자기 뱃속의 아이를 죽이겠다고 결심하면 우리는 그 여성이 다른 사람에게 위협이 된다고 생각하지 않는다. 실제로 우리는 그 여성을 그런 식으로는 보지 **않는다.**

내가 아는 한 낙태 논쟁과 관련해서는 네 가지 입법 가능한 선택지가 있다.

1. 낙태는 예외 없이 금지한다.
2. 특정한 예외를 두고 금지한다.
3. 특정한 예외를 두고 허용한다.
4. 예외 없이 허용한다. 이 말은 낙태와 관련된 특별한 법이 없다는 뜻이다.

첫 번째는 낙태 찬성론자들을 분노하게 만들 것이며, 논쟁을 불가능하게 만들 뿐이다. 그러니 지나치게 가혹한 이 방법은 말이 안 된다. 전적인 낙태 금지는 어머니의 생명을 포함해 다른 사항은 전혀 고려하지 않고 태어나지 않은 아이의 생명만을 무조건 고려하는 처사다. 그러면 정부는 아이의 생명을 보호하기 위해 어머니의 생명을 보호해야 한다는 의무를 포기하게 될 것이다. 낙태를 할 수 없어 어머니와 아이 둘 다 죽어야 한다면 광신도들을 잠재운 것 말고는 아무것도 얻은 게 없을 것이다.

낙태를 금지하는 그 어떤 법도 효과가 없으며 최악의 결과를 가져올 수 있다. 낙태를 하려는 이들과 시술을 해 주는 곳은 이미 널리 퍼져 있다. 어디서든 시술이 가능한 상황을 무시하고 무조건 금지하는 것은 가장 질 나쁜 인간들의 탐욕, 그리고 기업에 돈을 벌어 주는 면허증이나 다름없다. 수익성 좋은 지하경제에 내리는 살인 면허. 결국 마약과의 전쟁이나 금주법이 저지른 헛발질을 되풀이할 뿐이다. 이런 상황은 정부의 권위를 뒤집어엎고 법 집행을 무시하게 만든다.

전적인 금지에 반대하는 두 가지 중간 해결책에는 개인에 대한 공적 기관의 까다로운 규제가 있어야 한다. 적어도 사생활의 반은 내놓아야 한다. 이 해결책은 경찰력의 증가가 필요하고 비용도 상승할 것이며 사람들의 자유에도 위험을 초래할 수 있다. 예를 들어 어머니의 생명을 지키기 위한 경우만을 제외하고 낙태를 금지하는 법을 만든다고 하자. 그러나 어떤 경우가 '어머니의 생명'이란 말인가? 활력징후*로 드러나는 것을 말하는가, 아니면 좀 더 합리적으로 말해 이 세상에서 잘살 수 있는 능력을 말하는가? 어머니에게 경제적 삶과 가족이 있다면 가족의 삶이 그 정의에 포함될 것이고, 소속된 공동체가 있다면 공동체의 삶도 그 정의에 포함될 것이다. 또 다른 예로 임신 3개월까지의 낙태는 허용하는 법을 만든다고 해 보자. 그러나 이것 역시 상당한 공적 모니터링을 거쳐야 한다. 이런 법을 만들어 놓는다 해도 정부를 포함해 여러 사람을 좌절하게 만들 뿐이고, 끝없는

---

* vital signs, 생물에게 생명이 있다는 것을 입증해 주는 맥박, 호흡, 체온, 혈압의 4요소.

고통과 위험스러운 혼란에 빠뜨려놓을 것이다.

예외를 정해 놓고 전면 금지하거나 전면 허용할 때 생길 수 있는 문제는 분명하다. 예외라는 것이 정확한 결정 요인에 의해 명확하게 정해질 수 있는 것이 아니라 전문가에 의해 '적당'하다거나 '적절'하다고 판단되는 것이기 때문이다. 로 대 웨이드 재판의 판결문이 암시적으로 내비치고 있듯이 그 재판에서 쓰인 말들은 매우 모호하고 쉽지 않다. 낙태와 관련해서 쓰인 말 중에서 **생명, 잉태, 생존력, 사생활, 사람,** 이런 말은 다 무슨 뜻인가? 나는 로 대 웨이드 재판에서 쓰인 이 말들을 이해하지 못하겠다. 대법원이 기업을 사람으로 정의하는 순간 사람의 법적 정의는 사라져 버렸다. 과거의 용법이나 상식에 반대하여 기업이 사람이라면, 법령에 의해 사실상 모든 것에 사람의 지위가 수여될 수 있는 것이다. 따라서 문젯거리는 순식간에 단순한 모호함 속으로 넘어갈 뿐만 아니라 언어의 경계 너머로 사라져 버린다.

그러므로 나는 위험을 감수하고 낙태를 찬성하거나 낙태를 반대하는 법 둘 다 **없어야** 한다고 말하고자 한다. 약물중독 같은 경우처럼 낙태의 문제 역시 공적이라기보다 사적인 문제이며 직접적으로 관련된 사람, 즉 임신한 여성이나 그 가족 또는 친구, 의사가 직접 다루어야 제일 좋은 문제다.

이것은 낙태에 대해 합리적으로 완전한 진술을 하려는, 그리하여 결과적으로는 어쩔 수 없이 불완전한 진술이 되는 시도다.

훗날 내가 지금 내놓은 답을 바꿀 수 있는 이유를 찾게 될지도 모르겠다는 말을 보태고자 한다. 그럴 마음을 먹는다는 것은 바꿀 의지가 있다는 말에 다름 아니다.

동성 결혼에 대해 내가 다시 한 번 인정해야 하는 잘못이 있는데, 그것은 예전에 내가 한 말이 완전하지 않기 때문이다. 내가 기억하는 한 이 문제에 대해 내가 한 말은 두 가지다. 상당히 줄여서 한 말이기는 한데, 성인끼리 서로 동의하에 성적 관계를 이어 나가는 사람들은 정부의 허락이나 불허를 받을 필요가 없고, 한 집에서 서로에게 헌신하며 함께 사는 사람들은 정부가 이성애자 부부에게 허용하는 배우자로서의 권리와 보호와 특권을 누려야 한다는 것이었다.

위 두 가지 사항에서 내가 고려한 것은 동성 결혼을 법의 문제에서 보았다는 점이다. 다시 말해 결혼을 정부의 허락을 받거나 받을 필요가 없다는 두 주장과 관련해서 말이다. 여기서 나는 또 중간 입장에 처하게 되는데, 이번에는 내 위치가 좀 더 분명하며 반대할 이유도 좀 더 분명하다.

첫째, '결혼할 권리'는 여전히 탯줄도 떨어지지 않은 상태다. 결혼할 권리는 선별하여 내어 주지 않기 위해서만 존재하는 권리다. 결혼할 권리는 일시적으로 정치적 편의성을 가지고는 있지만 존재할 이유가 없다. 현재 결혼의 법제화에 내포되어 있고 그에 따라 드는 온갖 생각에도, 결혼이라는 것이 정부의 발명품이라거나 정부가 원래부터 누가 결혼을 해야 한다며 정해 줄 권리가 있다고 주장할 수 있는 사람은 아무도 없다. 두 여성 또는 두 남성의 결혼을 반대할 수 있는 정부라면, 두 광신자의 결혼도 정당하게 막을 수 있어야 할 것이다.

둘째, 결혼할 권리는 인권의 유래가 정부이며 인권은 사람들이 애원하면 정부 마음대로 나눠 줄 수 있다는 자유주의자와 보수주의자 사이의 기묘한 합의에 기초하고 있다. 이는 또한 그 어떤 권리든 정부 마음대로 휘두를 수 있는 것이기 때문에 정부 마음대로 거두어들이거나 철회할 수 있는 것임을 암시한다. 이 것은 인권이 정부의 존재에 선행하며, 정부는 인권을 수호하기 위해 수립되었고, 정부는 절대 인권을 침해해서는 안 된다는 미국 민주주의의 설립 원칙에 정면으로 배치된다.

셋째, 위의 원칙에 따르면 정부는 **일부** 사람들이 떼를 쓴다고 해서 다른 사람에게서 그 권리만을 보류할 목적으로 어떤 또 다른 권리를 만들 수는 없다. 만일 그런 일이 벌어진다면 자신들의 존재 말고는 아무런 범죄도 저지르지 않은 기피 집단에 벌을 가하는 것이나 마찬가지다. 과거에도 이런 일이 일어났다는 것을 군이 지적할 필요는 없을 것이다.

권리와 자유의 수호에 대해 정당한 우려를 표해 왔던 자유주의자들이 이런 식의 권리와 자유를 관대하고 부모 같은 정부의 선물로 규정하는 것은 터무니없는 일이다.

이 문제에 대한 보수주의자들의 방식은, 수정 헌법 제15조*와 제19조**를 어긴 비율을 성 범주에 따라 나누어 각각 추진하고 있는데, 더더욱 어리석고 터무니없는 짓이다. 더구나 '작고' 개입하지 않는 정부의 적절한 기능이 바로 개인의 성적 행위를 승인하는 것이라는 이론은 우습기까지 하다.

지금까지 동성애자들이 결혼할 권리를 거부당해 온 것은, 일단 우선은 결혼할 권리가 있다고 가정하고, 분명 수정 헌법 제14조를 위반하는 것이다. 수정 헌법 제14조는 국가가 '적법한 절차 없이 개인에게서 생명, 자유, 재산을 빼앗거나, 동일한 관할 내에서 동일한 법의 보호를 거부해서는 아니 된다'고 명시하고 있다. 사실상 동성애자들은 결혼할 권리를 따로 받을 필요가 없는 것이다. 이성애자들의 권리와 다를 게 하나도 없다는 얘기다. 정부는 동성애자들을 특별한 범주의 사람들로 다룰 이유가 하나도 없다.

---

* 미국 헌법 수정 제15조. 시민에게 투표권을 부여할 때 그 시민의 인종, 피부색 또는 이전의 예속 상태(노예)에 근거하여 부여를 거부하여서는 안 된다고 선언한 것. 1870년에 발효되었다. 제1절 전문은 다음과 같다. "미국 시민의 투표권은 인종, 피부색 또는 이전 예속 상태를 이유로, 미합중국 또는 어떤 주에 의해도 부정 또는 제한되어서는 안 된다."
** 미국 헌법 수정 제19조. 여성참정권을 보장한 조항으로, 1920년에 발효되었다. "미국 시민의 투표권은 성별을 이유로 미국 또는 어떠한 주에 의해서도 이를 거부 또는 제한해서는 안 된다."

동성 결혼을 불법으로 몰아가려는 특정 교파의 기독교인들은 동성애자들을 자기들과는 다른 특별한 종류의 사람들로 만들려고 여러 가지 방법을 찾아냈다. 자기들은 이성애자이고, 그래서 정상이고, 그러니 좋은 사람들이라고 생각하면서 말이다. 이 사람들은 용의주도해서 성경을 보면 동성애를 죄악이고 변태적인 것으로 본다고 한다. 그런데 왜 변태적인 것이 유달리 동성애에만 해당하는 것인지 나는 확실히 잘 모르겠다. 성경을 보면 동성애보다 간음과 간통에 대해 더 많이 나온다. 「시편」 24편과 104편*을 성경의 표준으로 받아들인다면 노천 채광과 여러 형태의 지구 파괴도 분명 변태가 될 것이다. 사대 복음서를 진지하게 받아들인다면 어떻게 산업주의 전쟁과 그로 인한 피할 수 없는, 죄 없는 이들의 대량 학살을 가장 충격적인 변태로 바라보지 않을 수 있단 말인가? 성경의 모든 구절을 표준으로 삼으면 가난한 자, 과부와 고아, 병든 자, 집 없는 자, 광인을 무시하는 것이야말로 구역질나는 변태다. 예수는 이웃을 미워하는 것은 신을 미워하는 것과 마찬가지라고 했다. 그러나 일부 기독교인들은 정책 문제 때문에 자기 이웃을 미워하며 그들을 미워하기 위해 성경을 뒤져 합리화할 구실을 찾느라 바쁘다. 그들이야

---

* 「시편」 24편은 하나님이 세상 모든 것을 짓고 다스리는 영광의 왕임을, 104편은 우주를 창조하고 다스리는 하나님의 권능과 위엄을 기리는 찬양시다.

말로 변태라는 말 그 자체, 그 말의 본래 의미 그대로 변태 아닌가? 그러나 그들이 만들어 내는 이 모든 거슬리는 짓거리 중 그 어느 것도, 혹은 일부라도 동성 결혼만큼 정치적·종교적 소음을 만들어 내지는 못한다.

———

동성애자들을 일반 시민의 입장이나 시민으로서의 권리에서 따로 떼어 내 범주화하고 고립시키는 또 다른 방식은, 동성애를 무슨 원인이 있어서 발견해 내고 제거하거나 치료법으로 치료해야 하는 질병으로 규정하는 것이다. 이것이 과학자들이나 의사들에게는 상당 기간 동안 일자리를 보장해 주는 꽤나 전망 좋은 현상인 것 같다. 켄 키지*는 남자 화장실에서 이런 낙서를 봤다고 한다. '우리 엄마가 날 동성애자로 만들었다.' 그 밑에 누가 또 이렇게 적어 놨더란다. '너네 엄마는 너한테 스웨터는 만들어 줘도 동성애자를 만들어 주진 못하거든.' 우리도 저 낙서의 수준을 크게 벗어나지는 못할 것이다. 우리는 동성애자 역시 우리와 마찬가지로 어머니, 아버지, 유전자, 생식세포, 양육, 교

---

* Kenneth Elton Kesey, 1935~2001. 미국 작가. 대표작으로 『뻐꾸기 둥지 위로 날아간 새One Flew Over the Cuckoo's Nest』(1962)가 있다.

육, 친구, 이웃, 성장 환경, 자라난 시간들과 문화적·경제적·사회적 지위, 개인사와 시대사에 의해 현재의 모습이 되었다는 것을 알게 될 것이다.

그러나 동성애가 자연스러운 것이 아니라는 주장도 있다. 문제가 되는 그 자연이라는 것이 단순히 생물학적인 것이라면, 다시 말해 '꼬리 없는 원숭이'와 '벌거벗은 원숭이'의 영역이라면, 그 범위가 너무 넓고 너무 아무 데나 적용 가능해서 그다지 도움이 되지 못할 것이다. 그러한 자연의 기준에 의하면 일부일처 제도 부자연스럽고 **일부** 문화권에서 만들어 낸 제도일 뿐이다. 동성 결혼이 자녀를 낳을 수 없기 때문에 부자연스럽고 금지해야 한다고 주장한다면, 아이를 낳지 못하는 모든 부부는 부자연스러운 결혼 생활을 하는 것이고 따라서 혼인을 무효로 해야 한다고 주장해야 하는 것인가?

이와는 정반대로 특히 **인간**의 본질은 언제나 벌거벗은 원숭이보다는 더 복잡하고 더 요구 사항이 많은 정의를 가지고 있다. 윌리엄 블레이크William Blake는 우리가 신의 형상대로 만들어짐으로써 인간이 되었다고 생각했다.

자비와 동정과 평화와 사랑은
친애하는 우리의 하나님 아버지를 위한 것
자비와 동정과 평화와 사랑은

아이이자 돌봐야 할 인간을 위한 것

— 『순수의 노래Songs of Innocence』, 20.

동성애자들도 자비와 동정과 평화와 사랑의 마음을 가질 수 있는가? 상당한 수의 이성애자들처럼 상당한 수의 동성애자들도 분명히 가지고 있을 것이다. 동성애자들에게 그런 구별을 부정하는 것은 그들을 인간으로 구별하지 않는 것과 마찬가지이며, 이는 자비와 동정과 평화와 사랑을 거의 제대로 사용하지 않는 것이나 마찬가지다. 항상 적대감을 필요로 하고, 언제나 잠재적으로 폭력적이며, 지나치게 단순화된 도덕적 확신은 우리를 자비와 동정과 평화와 사랑에서 고립시키고 우리를 외롭고 위험한 존재로 만든다. 오직 유일하게 완벽한 법은 절대적인 법이지만, 이 완벽한 법은 불완전한 인간에게만 그저 그렇게 들어맞을 뿐이다. 그래서 우리는 법 조항과는 반대로 자비에 대해, 그리고 영혼에 대해 생각해야 한다.

동성애자들의 성행위가 생각만 해도 거슬리고 불쾌해서 부자연스럽다고 생각할 수도 있을 것이다. 그러나 동성애자들이 할 수 있는 성행위는 실은 이성애자들도 할 수 있고, 실제 하는 행위다. 이 점에 대해 정치적인 해결책이 있는가? 보수적인 기독교인들은 동성애자들의 성적 행동을 감시하고 승인하고 자격증을 주기 위해 소규모의 정부 기관을 두기를 원하는가? 그들은 정말로 합법적으로 성교를 하는 사람들의 엉덩이에 정부가 승인했음을 입증하는 컬러 타투를 찍어 놓기를 바란단 말인가? 사실 사람들의 성적 행동을 감시하는 기술은 이미 나와 있지만 다른 사람의 가장 사적인 생활에 지나친 관심을 기울이는 것은 음란하면서 전체주의적이다.

동성애자들을 비난하고 고립시키는 전략 중에서 가장 기이한 것은 동성 결혼이 이성 결혼에 위배되며 위협이 된다는 주장이다. 이는 마치 결혼 시장이 동성애자들 때문에 위험에 빠지고 동성애자들이 결혼 시장을 독점하고 있다는 소리 같다. 이 주장을 꼭 산업자본주의적 편집증이라고까지 할 수는 없다 하더라도 적어도 이 주장은, 경쟁 상대를 **파괴해야만 한다**는 산업자본주의 패턴의 경쟁 논리를 따르고 있다. 돈에서 결혼에 이르기까지 누가 내 것을 갖고자 하면 절대 주저하지 말고 (물론 작은) 정부를 이용해서 그들이 빼앗아 가지 못하게 해야 한다는 논리 말이다.

그런데 이성애 결혼이 이성애 커플로 만족한다면 왜 그렇게 살면서 만족하지 못하는 걸까? 이른바 전통 결혼이라는 것은 오늘날은 그 전통적인 가정생활과 전통적인 지역 공동체와의 유대감이 거의 사라졌다. 통계적으로 보아도 확실한 실패다. 그러나 이런 결과가 동성애 음모 때문에 생긴 것은 아니다. 이성애 결혼은 방어가 필요 없다. 그저 실천만 하면 되는데도 많은 사람들이 상당히 어려워한다. 그 어려움이라는 것은 이 시대 산업

자본주의 체제가 요구하는 가치와 우선권 때문에 생긴다. 그 점에서 우리 모두는 공범이라 할 것이다.

———

　내전이라도 치르는 듯한 이 차가운 시대에 정부가 특정 집단을 지목해 결혼할 권리를 유예시키려고 한다는 것은 분명하다. 정부는 자신들이 지목한 집단의 구성원에게는 공무원이 결혼 허가증을 내주지 않게 하려는 것이다.

　그러나 결혼식은 결혼 생활과는 다르다. 결혼식은 어떤 일이 있어도 충실하게, 죽을 때까지 서로를 사랑하겠다고 맹세하는 전통적인 행사다. 어떤 상황이나 어떤 사람들에게 결혼식은 성찬식이다. 그러나 절차가 아무리 거창하고 준비나 의상, 사진, 피로연이 아무리 비용이 많이 든다 해도 결혼식은 몇 분이면 끝이 난다.

　그러나 이와 달리 결혼 생활은 결혼을 **만들어 가는 것**으로서, 죽을 때까지 그 맹세를 살아 내려는 하루하루의 노력이다. 그 맹세는 진지하게 받아들일 수도 있고, 아닐 수도 있다. 깨뜨릴 수도 있고, 지킬 수도 있다. 그런데 어째서 동성애자라는 이유로 결혼의 맹세를 미뤄야 하는가? 그것만은 절대 해서는 안 되는 일이다. 결혼식 맹세에는 저작권이 없다. 그러니 동성애자들도 완벽하게 마음대로 그 맹세를 할 수 있다. 정부도 그들을 막을 수 없고 교회도 그들을 막을 수 없다.

키에르케고르는 이렇게 썼다.

부부의 사랑은 충실하고, 은근하며, 겸손하고, 인내하며, 오래 견디고, 너그럽고, 진실되고, 만족해하고, 밤새 지켜 주고, 기꺼이 나서 주며, 즐거운 것이다. 이 모든 덕성들은 개인 내면의 특성을 나타내는 성격이다. 사람은 바깥의 적과 싸우는 것이 아니라 자기 자신과 싸운다. 부부의 사랑은 외부의 어떤 징표와 같이 나타나지 않으며, 갑작스러운 충격과 함께 나타나지도 않는다. 부부의 사랑은 고요한 영혼이 지니는 불멸의 본성을 지닌다.

- 로버트 브레털Robert Bretall 편집, 『키에르케고르 선집A Kierkegaard Anthology』 중
『이것 또는 저것Either/Or』, 89~90쪽.

그 어떤 교회도 동성 결혼을 **만들어 낼** 수 없다. 그러니 교회는 어떤 종류의 결혼이든 그저 인정하면 된다. 부부의 맹세를 할 수 있기를 날마다 열망하는 두 사람에게 축복을 내리고, 성스러운 축원을 보내는 일을 미뤄서는 안 된다. 내가 만일 동성 부부라면 지금 내가 이성 부부인 것과 꼭 마찬가지로, 나는 내 믿음과 희망을 예수의 자비에 맡기지, 기독교인의 판단에 맡기지는 않을 것이다.

범주를 만들어 비난하는 것이야말로 증오의 최악의 단계라

할 것이다. 왜냐하면 그것은 너무나 비정하고 추상적이며, 개인
적인 증오가 지니는 열기와 용기마저 없기 때문이다. 범주를 지
은 증오는 집단의 증오이며, 이는 겁쟁이를 용감하게 만드는 증
오이다. 그리고 스스로 정의롭다 여기는 종교 집단만큼 두려운
존재는 또 없다. 전무후무한 예는 예수의 십자가형이 될 것이다.
이런 유의 폭력은 우리가 이방인과 외국인, 적, 그 밖에 우리와
는 다른 집단에게 범주를 만들어 친절함kindness을 거부할 때만
벌어진다.

 친절함은 현재 정치적이고 종교적인 연설에서 편하게 쓰이
는 말은 아니지만, 그 의미가 풍부하고 반드시 필요한 말이다.
이 말 없이는 살 수 없다고 생각하는 합당한 이유가 있다. **카인
드kind***란 단어가 킨kin**이라는 단어와 관계가 있는 건 분명하다.
그러나 카인드는 그 밖에도 인종race이나 자연nature이라는 말과
도 관계가 있다. 그리고 중세에 카인드와 자연은 동의어였다. 「독
립선언문」의 "모든 인간은 동등하게 창조되었다"는 유명한 구절
에서 '동등한equal'이라는 말은 모든 사람은 형제kin로, 한 종류
kind로, 같은 인종race이나 같은 자연nature으로 창조되었다는 용

---

* 여기서 'kind'는 '친절(한)' 말고도 '동족', '동류', '종류'까지 이중의 뜻으로 쓰였다.
** '친족', '동류'라는 뜻.

어로 잘 옮겨 놓을 수 있다.

예수는 간음 중에 발각된 여인의 생명을 이렇게 구해 낸다. 먼저 여인을 고발한 사람들(종교적 광신 집단)의 범주에서 여인을 분리해 낸 뒤 예수 자신의 범주에 그 여인을 넣는다. 그러고는 그 광신 집단의 범주에 다시 그 여인을 넣었다. "너희 가운데 죄 없는 자가 먼저 저 여자에게 돌을 던져라."*

여자를 고발한 이들은 이러한 친절함을 패배로 받아들였다. 우리 역시 그럴 때가 많다. 그들은 아무런 말도 없이 예수와 여자를 떠나 버렸다. 그 뒤에 이어진 말은 예수의 유머 감각을 놀라울 정도로 생생하게 보여 준다.

"여인아, 그자들이 어디 있느냐? 너를 단죄한 자가 아무도 없느냐?"
"선생님, 아무도 없습니다."
"나도 너를 단죄하지 않는다. 가거라. 그리고 이제부터 다시는 죄 짓지 마라."**

이 얼마나 멋진 충고인가. 이런 충고를 해 줄 때 예수는 미소를 짓지 않았을까? 인간이 얼마나 많은 죄를 짓는지, 인간이 얼

---

* 『요한복음』 8장 7절.
** 『요한복음』 8장 10절~11절.

마나 나약한 존재인지를 잘 알았을 테니 말이다.

사대 복음서의 수많은 이야기 중에서 이 이야기는 그다지 특별한 이야기는 아니다. 이 이야기는 성경에서 죄로 지정하는 죄를 예수가 다룬 방식을 보여 주지만, 예수는 『성경』에서 여러 차례 그랬듯이 그 여인이 가장 절박한 순간에 그저 손을 내뻗었던 것이다. 사대 복음서를 보면 모든 인간은 죄를 저지르게 되어 있다. 하나 예외를 들면 그것은 궁핍인데, 예수의 가르침은 죄보다는 그 절박한 요구를 먼저 들어주는 것이었다. 예수의 친절은 마땅히 벌 받아야 하는데도 벌하지 않고 오히려 죄인을 위해 주고 위로하는 모습에서 아주 잘 드러난다.

그러나 친절함이라는 풍요로운 생각은 인간에게 친절을 베푸는 것으로 다 써 버리거나 사라지지는 않는다. 친절함은 훨씬 더 포괄적이다. 12세기의 기독교인과 훨씬 더 이전의 초기 기독교인, 그리고 현재의 생태론자들까지, 이 모든 존재를 포함하고 하나로 묶는 거대한 친절을 생각한다. 생물과 무생물, 식물과 동물, 물, 공기, 돌, 이 모든 것들은 궁극적으로는 하나의 동류에 속하고, 서로서로에 속하며, 서로 의존하며 이 세상에 속한다. 「창세기」 1장과 「시편」 104편*의 관점에서 보면 모든 것은 하나

* 「창세기」 1장은 하나님이 7일에 걸쳐 천지를 창조하는 이야기이며, 「시편」 104편은 창세기 1장을 요약하듯 하는 찬양시다.

의 종류, 하나의 형제, 하나의 자연이다. 왜냐하면 이 모든 것이 **창조물**이기 때문이다.

　우리가 아주 포괄적이고, 아주 창조적인 친절함의 일원이 되면 많은 행복과 즐거움이 찾아올 것이다. 나 자신을 오래 알아오면서 깨달은 바로는, 다른 일원들을 멸시함으로써 얻는 자위적인 쾌락으로 그 행복과 즐거움에서 멀어지는 것은 너무나 안 된 일이라는 점이다.

7장

평화는 자유와
책임으로부터
― 데이턴 문학평화상* 수상 연설

2013

이 상을 수상하게 되었다는 연락을 받자 아내인 타냐 베리가
폭소에 가까운 웃음을 터뜨렸습니다. 아내는 내가 그 누구보다
기꺼이 많은 논쟁을 불러일으켰다는 걸 잘 압니다. 그 논쟁을
즐겼다는 것도요. 젊었을 때 특히 그랬지요. 변명을 하자면, 그

---

* Dayton Literary Peace Prizes. 2006년에 제정된 미국의 문학상. '평화의 증진에 기
  여하는 문학'에 시상한다. 픽션, 논픽션, 공로상 부문이 있는데 이 가운데 공로상은
  2011년 '리처드 홀브룩 최고 영예상'으로 바뀌었다. 웬델 베리는 2013년에 '리처드 홀
  브룩 최고 영예상'을 수상했다.

래도 저는 제 적들 중 누구도 죽이거나 신체적으로 해를 가한 적은 없고, 다치라고 빈 적도 없으며, 총을 가지고 다닌 적도 없습니다. 제가 쏘는 걸 진짜로 즐기는 유일한 것이 있다면 그건 드론일 겁니다.

저는 물론 이 상이 지니는 뜻에 대해, 그리고 이 상을 제가 받게 된 것에 대해 깊이 감사하고 있습니다. 그리고 당연히 겸손한 마음을 갖고 있고 조금 마음에 걸리는 것도 있습니다. 산업사회에 사는 사람에게 평화와 관계되는 상을 준다는 것 자체가 결국은 좀 이상할 수밖에 없지요. 왜냐하면 산업 경제라는 것이 농업에서 전쟁에 이르기까지 세상에서 가장 폭력적인 것이고, 그 점에서 우리는 모두 폭력에 공범들이니까요. 우리는 기업에 엄청난 이윤을 가져다주는 일용품을 마구 갖다 씁니다. 거기에서 발생하는 쓰레기, 환경 파괴 비용 같은 건 염두에 두지 않고 그저 어마어마한 비용을 지불할 뿐입니다. 토지 사용에 산업 기술은 더해 주되, 땅을 배려하는 마음은 덜어 내는 식이지요. 이것이 우리가 토지를 사용할 때 가장 많이 쓰는 방식입니다. 우리가 전쟁하는 방식은 또 어떻습니까. 정치에서 이웃에 대한 사랑을 빼고 산업 기술을 더하면 그것이 곧 전쟁입니다. 전쟁은 기업에 이윤을 더 많이 가져다주고, 쓰레기는 더 많이 배출하며, 환경 파괴는 더 큽니다. 이러한 방식들은 너무나 이윤이 크기 때문에 기업을 방어해 주는 정치인들과 과학자들은 부와 권력을 보장받고 지지자들의 도움을 받습니다. 좀 더 인간적인 방식을 옹호하는 사람들의 목소리는 너무나 작습니다.

대량 살상 무기와 산업 생산 기술의 두 가지 수단에는 사실상 중요한 차이가 없습니다. 그 두 가지 수단 가운데 한 가지는 내연기관과 외연기관이라는 연소 장치입니다. 다른 하나는 독성 물질인데, 의도적으로 만들거나 사고, 즉 '신의 섭리'에 의해 우연히 만들어지지요. 이스턴켄터키와 웨스트버지니아에서는 탄층을 채굴하기 위해 산 하나를, 표층을, 그리고 생태계, 산 아래 사는 사람들, 하류, 미래 등을 전혀 고려하지 않고 숲을 완전히 파괴해 버립니다. 탄전의 폭발과 옥수수밭, 콩밭의 침식이 다른 유일한 점은, 밭의 침식 속도가 더 느리다는 바로 그것뿐입니다. 결론은, 다시 말해 자연이 생명을 지탱하는 시스템이 소진되는 것은 결국 마찬가지라는 것입니다. 그러나 우리가 만일 산업 전쟁의 역사를 제대로 이해한다면 그다지 놀랍지 않을 것입니다. 데이비드 케네디David E. Kennedy는 매우 역설적인 제목을 붙인 『공포로부터의 자유Freedom from Fear』라는 책에서 이렇게 썼습니다. 읽어 드리지요.

"1945년 가을에만 해도 원자폭탄은 새로운 도덕의 기준이 되지 못했다. 비전투 요원들이 대량 살상 무기를 손에 넣지 못하도록 막았던 도덕률들은 제2차 세계대전 때 이미 폭력적으로 무너져 버렸다. 제일 먼저 유럽 여러 도시를 공습했을 때, 그리고 일본을 체계적으로 무차별 폭격했을 때 그렇게 되었다."

케네디 교수는 당시 미국의 적국과 연합국, 그리고 우리 자신들이 저지른 파괴의 사례들을 더 많이 들 수도 있었을 겁니다. 케네디 교수가 책에서 다루는 주제를 넘어서는 것이기는 합니다만, 이렇게 묵살된 예는 계속해서 들 수 있습니다. 그러면서 국가의 정의니 자유의 수호니 하면서 세심하게 정당화를 하지요. 전쟁 비용을 얘기하면서 우리는 자주 우리 측의 '인간 비용'에 대해, '우리의 삶의 방식'을 지키다 목숨을 바친 젊은이들에 대해 얘기를 합니다. 그러나 우리는 우리의 적이 지불한 '인간 비용'과 그들의 '부수적인 피해'에 대해서는 거의 말하지 않지요. 게다가 산업 전쟁이 내놓는 생태적 비용에 대해서는 거의 전혀 말하지 않습니다. 이 비용이라는 것은 아마 '지속 불가능'할 정도로 어마어마하리라 짐작하는데, 산업주의의 토지 이용이 초래하는 생태적 비용이 대개 그렇습니다.

그러나 오늘날 우리가 저지른 폭력에 대한 공식적인 합리화는 분명 너무나 명백히 위선적이어서 무시할 수 없을 정도입니다. 우리의 세계와 우리 인류에 대한 폭력은 결국 허위의 폭력과 분리될 수 없습니다.

어떻게 땅을 파괴하고 물과 공기를 오염시키는 농업이 '이 세상을 먹여 살리는' **유일한** 방법이라고 계속 주장할 수 있단 말입니까? 특히나 자동차에 기름을 대기 위해 '바이오연료'를 생산하는 농업에 자원을 집중시키면서 말입니다.

어마어마한 위험부담을 안고, 가장 적은 수입을 가지면서, 맨 앞에서 일하는 농부에 대해서는 조금도 고려하지 않는 농업 방식으로 어떻게 세상 사람들이 계속 밥을 먹을 수 있으리라 생각할 수 있습니까?

땅은 점점 더 질이 나빠지고 농부의 자녀들은 점점 더 농장으로 가기 싫어하는데 어떻게 고비용 생산이 유지될 수 있다고 생각하는 것입니까?

이뿐만이 아닙니다. 왜 우리는 **우리** 정부만 **우리의** 대량 살상 무기를 가져도 된다고 믿는 것입니까? 다른 나라가 그런 무기를 가지면 안 된다고 믿는 까닭은 무엇입니까?

대량 살상 무기를 소유하는 것과 관련해 신뢰성이라는 게 대체 뭘 의미하는 겁니까?

왜 전쟁 비용을 거의 전적으로 군에 복무하는 젊은이들이 져야 합니까? 왜 그들이 그들의 몸과 그들의 목숨으로 비용을 대야 합니까?

왜 애국적인 시민들과 국회의원들은 전쟁에 드는 비용을 충당하기 위해 세금을 늘리자는 소리는 하지 않는 것입니까?

왜 전쟁에 필수적인 물자와 연료를 낭비하는 것을 배급제로 바꾸거나 다른 수단을 쓰거나 하여 줄이지 않는답니까?

왜 공동선을 위탁받았다는 애국자들은 전쟁에는 동의하면서 공직에서 물러나 직접 '참전'하지는 않는 겁니까?

이런 질문들은 당연히 너무나 순진한 질문들이죠. 기만, 배신, 이기심, 태만, 어불성설은 어쩌면 대의정치라는 체제가 치러야 하는 당연한 비용인지도 모르겠습니다. 분명 그러한 약점에도 불구하고 신의 의지와 인간을 향한 신의 편애 덕에, 우리의 권리는 보호받고 우리의 자유는 지속될 것입니다.

우리는 자유에 대해, 신이 주신 자유에 대해, 그 자유를 지키고 활용하고 즐기는 것에 대해 이야기합니다. 마치 초등학교 때 외우고 나서는 한 번도 더 생각해 보지 않은 어떤 것처럼 말이지요. 잠꼬대로나 했을까요. 우리는 너무 오랫동안 우리의 자유에 대해 아무 생각도 없었고, 배려도 하지 않았습니다. 그래서 이제는 알 수 없게 되었습니다. 우리의 것으로 알았던 그 권리가 끝없이 폭력적이었다는 것을 말이지요. 그것이 결국 우리를, 자유를 파괴할 수도 있는 폭력으로 데리고 갔습니다.

제가 하고자 하는 말은 오늘날 소위 국가 안보라는, 비밀경찰의 엄청난 권력 얘기입니다. 이 비밀경찰은 역시 비밀스러운 절차와 인력으로 규제되고 어마어마한 기술의 감시 장치를 가지고 있죠. 이것으로 이 나라 모든 시민의 개인 통신에 침투합니다. 그뿐입니까. 전화기나 컴퓨터가 있는 다른 나라 사람들의 개인 통신에도 침투하지요. 이 모든 일들이 별 뾰족한 이유 없이 벌어지고 있고 적절한 절차라는 흉내나 시늉도 하지 않고 벌어지고 있습니다.

아무리 재미라 해도 폭력에 길들여진 국민은 그런 (그때까지는) 불확실한 '안보'라는 기획을 폭력으로 바라보는 데 어려움이 있습니다. 결국 현재 '범죄자'라고들 부르는 한 사람[에드워드 스노든]이 모범적인 시민 정신으로 그런 '안보'라는 것의 존재를 알려 주지 않았다면 우리는 들어 보지도 못했을 테니까요. 당연히 폭력적입니다. 오늘날 정부 체제하에서 그런 개념과 목적 면으로 봤을 때 그 자체로 폭력적이지요. 이것은 수정 헌법 제4조가 보장하는 "불합리한 압수와 수색에 대하여 신체, 주거, 서류, 물건의 안전을 확보할 국민의 권리"를 침해합니다. 이것은 우리 자신에게는 개인적으로, 그리고 우리의 헌법에는 법률적으로 매우 노골적인 모욕입니다. 이것은 절대적이고 의문의 여지가 없는 권력의 뻔뻔스러운 독단이며, 내 평생 겪은 모든 전쟁에서 반대해 온 정부의 전체주의 그 자체입니다. 그리고 당연히, 상상할 수 있는 모든 폭력이 전부 그 속에 잠재되어 있습니다.

이 비밀스럽고 독재적인 '안보'만큼이나 경악스러운 것은, 소위 지성인이라는 사람들 사이에 나도는 '자유와 안보의 균형을 맞출 필요'라는 이야기입니다. '균형'이란 여기서 쓰기에는 참 불행한 말인데, 왜냐하면 매우 위험한 두 가지 문제를 제기하기 때문입니다. 누가 무게를 답니까? 그리고 지렛대의 축은 누가 놓습니까? 자유에 대한 우리의 습관적인 구별에 비추어 보면, 우리는 그저 자유가 생활필수품이며, 그중 일부는 나누어서 '안보'라는 다른 필수품으로 교환할 수 있다고 가정하고 있는 것은 아닐까요? 하지만 자유와 비밀경찰, 보편적인 의심, 폭정 사이에는 균형이란 있을 수 없습니다. 오직 선택만이 있을 뿐입니다. 우리에게 용기가 있다면 우리는 용기를 선택할 것이고, 그 용기로 정부의 경솔하고 위험한 비밀 놀이에 반대하는 데 사용할 것입니다. 정부의 그 비밀 놀이라는 것은 '안보'라는 미명하에 우리에게 부과되고 있지만 실제로는 권력을 남용하고 부끄러운 줄을 모르고 저지르는 행위일 뿐입니다. 평화는 자유, **진정한** 자유에서 옵니다. 평화는 책임에서, 책임을 진실되게 **수용**하는 데서 옵니다.

자유는 간단한 것이 아닙니다. 자유는 항상 책임과 연관되어 있기 때문입니다. 자유와 책임의 관계는 정부나 시민들이 편의적으로 적용할 수 있는 '균형'이 아닙니다. 시민은 자유와 책임을 둘 다 가지지 않으면, 둘 다 가질 수 없을 뿐입니다. 예전에 존 밀턴의 자유의 정의를 인용한 적이 있습니다. 여기서 다시 한번 인용할까 합니다. 밀턴의 말이 본질적인 정의의 힘을 가지고 있다 할 정도로 아주 복합적이면서도 정확하기 때문입니다. 밀턴은 이렇게 말했습니다.

"자유로워진다는 것은, 경건해지고 지혜로워지고 정의로워지고 절제하고 주의 깊고 타인의 것을 탐내지 않음으로써 결국 도량이 넓어지고 용감해지는 것과 마찬가지다."

오하이오 주 데이턴 강연

2013년 11월 3일

8장

버려진
시골

2014

- I -

농장, 목장, 벌목림, 광산처럼 경제적으로 이용되고 있는 이
나라 자연환경의 역사를 이해하려면 먼저 산업혁명을 일으킨
힘이 어디에 있는지, 그 동기가 무엇인지부터 알아야 한다. 내가
이렇게 얘기하면 도대체 왜 그래야 하는지 모르겠다거나 이상
하다고 생각하는 이들도 있다. 몇몇 경제학자들도, 오래전에 이
미 분명히 드러났던 사실 한 가지를 이제야 겨우 인정하기 시작

했다. 노동력을 산업 기술로 대체하면서 나타난 결과 중 하나가 '실직 상태'라는 것이 바로 그것이다.

그러나 실직 상태는 처음부터 정확히 산업화의 목표였으며, 러다이트*들은 즉각 그 사실을 잘 이해했다. 산업 기술의 목표는 사람의 노동력을 대체함으로써 일자리를 값싸게 만들어 부가 가난한 곳에서부터 부유한 곳으로 흘러가게 만드는 데 있었다. 우리는 인간의 노동력을 무시하거나, 그것을 **노동 절약**이니, **효율성**이니, **발전**이니, **편의성**이니, **속도**니, **안락함**이니, 심지어 **창의성**이라고까지 해 가며 온갖 공식적이고 유사종교적인 기도문 같은 말로 위장함으로써 이런 대체물 속에 늘 도사리고 있는 폭력을 다루어 왔다. 어쩌면 여기에 어느 정도 이타심의 가능성도 있다고 봐 줘야 할지도 모르겠다. 고통 없는 치과 치료가 가능해졌다는 것을 기술 발전의 정당화로 자주 들먹이기도 하며, 안락함이 불편함보다는 낫듯이 우리는 분명 고통보다는 무통을 선택할 것이다. 그러나 산업화와 함께 나타난 '신묘한'** 무통과 안락함의 비용은 대체 어느 정도일까? 실리적인

---

* Luddite, 19세기 초 영국에서 섬유 기계에 일자리를 뺏긴 사람들. 이들은 기계를 파괴하는 집단행동에 나섰으나 혹독한 진압을 당했다.

** '신묘한God-wrought'이라는 말은 모스가 전신기를 처음 시험할 때 타전한 「민수기」 23장 23절, '하나님의 행하신 일이 어찌 그리 크뇨What has God wrought'에서 유래한다.

현실주의자는 '공짜 점심만큼 좋은 게 없다'고 우리에게 충고하기를 좋아하지만 사실 그들의 말은 이미 '자기들 볼일은 다 끝냈다'는 뜻이다. 실제로 모든 산업 세계에서 가장 인기 없는 수학식은 뺄셈이다. 우리는 기술의 발전으로 인한 모든 이익은 완전한 순이익이라고 습관적으로 가정한다. **우리**의 무통과 안락함은 **모든 사람**의 무통과 안락함이라는 것이다. 아무도 대가를 치르지 않아도 되고, 누구도 자기 것을 잃지 않아도 된다고 생각한다.

그러나 특히 노후화되어 가는 노동력은 대체되거나 쫓겨난다. 발전의 비용은 대개 쫓겨난 일꾼들이 무는 법이며, 그 비용은 터무니없이 큰 경우가 많다. 시대에 뒤처진 이스턴켄터키의 탄광에 대해 해리 코딜은 이런 글을 남겼다.

인간이 하던 일을 기계가 빼앗자 일자리를 잃은 사람들의 상황은 예전보다 더 나빠졌다고 말한다. 많은 사람들이 기계화를 비난하면서 목소리를 높였다. 기계화에 반대하는 이들에게도 나름의 논리는 있다. 그러나 엄청난 속도로 땅을 파내는 버킷굴착기를 보면 그 논리는 힘을 잃을 수밖에 없다. 사람은 도저히 따라갈 수 없는 속도다. 그러나 기계가 단기간에 하나의 산업을 완전히 쓸어 버린다면, 아버지와 아들과 손자들을 다 교체해 버린다면, 그래서 그들이 동시에 생계를 잃어버리고 먹고살 방편을 구걸해야 한다면 도대체 이 세상은 어떻게 되겠는가? 그런 상처를 입어 완전히 무너진 전체 공동체에는 무슨 일이 일어나겠는가? 그런 피해를 입은 주민들의 정신과 영혼에는 어떤 일이 닥치겠는가?*

이런 질문을 해 보아도 탄광 회사는 끄떡없다. 양심에 조금도 거리낄 것이 없는 것이다. 또한 이런 질문들은 정치인의 공감 능력에도 큰 변화를 일으키지 못했다. 완전히 산업화된 사회는 산업화로 인해 인간이 치른 비용을 개선하거나, 그 이득을 민주적으로 나눌 효과적인 수단이 전혀 없다. 노동자의 운명은 '시장'과 '노동시장'에 달려 있다.

이스턴켄터키의 탄광에 대해 한 가지 더 보탤 것이 있다. '탄광 캠프'에 일하러 들어간 사람들은 집을 떠난 것만이 아니었다. 그 사람들은 집을 떠나는 동시에 가족을, 이웃을, 고향을 떠나 온 것이었다. 그들의 삶을 지탱해 주던 가정 경제를 떠난 것이고, 땅에 기대 살던 삶에서도 떠나 온 것이었다. 그래서 이들은 오로지 돈의 경제와 임금에만 전적으로 의존하게 되었다. 기술 발전이 그들의 임금을 앗아 가 버리자 그 다음에는 '복지'에만 의존하게 되거나 그도 아니면 일자리를 찾아 도시로 떠돌게

---

* Henry Caudill, *The Watches of the Night* (Ashland, Kentucky: The Jesse Stuart Foundation, 2010 originally published by Little Brown, 1979), 268~269. 독자들이 읽기 편하도록 원서의 생략 표시를 삭제했다.

되었다. 그러나 도시에서 그들은 또다시 임금에 의존하게 되는데, 이번에도 시골의 경험이 도시에서는 아무런 도움도 되지 못했다.

———————

남부 지방의 상황도 마찬가지였다. 대부분 흑인이던 농장 일꾼들과 그 가족들은 산업 기계와 화학제품이 사탕수수 농장과 목화 농장에 도달하자 쓸모없는 일꾼이 되고 말았다. 임금도 못 받게 되자, 그들은 어디 의존할 데도 없이 무작정 도시의 게토로 찾아들어가야 했다. 그들도 시골의 집과 공동체와 토지에 기반한 자급자족 형태의 삶에서 떠나야 했다. 농장에서 일할 때는 오랜 경력을 가진 경쟁력 있는 일꾼으로서, 가난하지만 살아 나갈 수는 있었다. 그러나 도시에서 그들은 아무런 경험도 능력도 없었다.

이런 식으로 뿌리가 뽑히고 대체되고 쫓겨났다. 이들이 겪은 큰 고통으로 볼 때, 이 노동자들이야말로 '발전의 대가'를 남들보다 훨씬 더 많이 치른 셈이다. 그런데도 정치적으로는 사회적 단절까지 겪어 내야 했다. 정말로 무책임한 일이었다. 신과 맘몬을 열렬히 모시는 '보수주의자들'은, 가난한 사람들은 게으르기 때문에 가난하고 '직업이 없다'고 자기들 편할 대로 결론을 내리고, 그저 기아 대책이나 가난한 이들의 자녀에 대한 보육 대책만을 장려할 것을 요구하면서 '이 사회의 생산적인 성원'이 되라고만 한다. '자유주의자들'은 추상적이고 모호한 정치적 동정심만 내비치면서, 가난과 실직은 공공의 자선과 정부 '프로그램'을 통해 기금을 모아 헤쳐 나가고 새롭게 출발함으로써 어느 정도 고칠 수 있다고 가정한다.

이 두 태도는 정치-산업적인 정신 속에 있는 커다란 구멍에서 생긴 것이다. 이 정신은 모든 시민을 위해 합당한 집과 직업을 영구히 확보해 주어야 한다는 공적이고 정치적인 가치를 잊어버렸다. 그리고 집과 직업은 널리 퍼진 소규모 농장과 생태적으로 유지되는 소규모 재산들에 의존하는 것이어야 한다. 그런 근본적인 관계와 사람들, 가족들, 이웃들이 없기에 이러한 것들로부터 아무런 지지를 받을 수가 없게 되었고 오로지 화폐경제와 정부에만 무력하게 의지할 수밖에 없게 되었다. 오늘날 우리 모두의 모습처럼 말이다. 그런 관계가 부족하기 때문에 공공경제는 오늘날 보듯이 경제생활과 수요와는 무관한 금융 시스템 그 자체가 되어 버렸다.

아래 글은 사람과 땅 사이의 본질적으로 민주적인 관계에 대해 내가 예전에 읽었던 글이다. 알렉산더 맥켄지는 이렇게 상찬한다.

인구의 다수를 구성하는 자유로운 경작자들이 만들어 내는 시골의 독립적인 분위기야말로 얼마나 훌륭한가. 경작할 땅과 목초지가 있다면 가진 땅이 아무리 적어도 그 농부가 얼마나 당당하게 느끼는지 상상이 안 될 것이다. 농부의 독립적인 마음은 그 땅을 영구히 소유하는 데서 나오며, 자신의 재산이 안전하므로 그 사람은 자신이 사는 주의 복지에 관심을 가진다. 비록 대단한 가치가 있는 재산은 아니라 할지라도 농부는 그 재산을 날마다 곁에 두고 볼 수 있다. 자본가와 날품팔이라는 두 계급만을 원하는 이들은 이 독립과 가난의 조합을 보고 비웃을 것이다.[*]

스코틀랜드 고지대 소규모 농부들을 대상으로 한 '19세기 고지대 주민 청소'[**]에 대해 평가한 글이다. 토머스 제퍼슨이 읽었다면 그 진가를 인정하고 칭찬했을 만한 글이다. 베르길리우스와 『성경』의 저자 몇 명도 그랬을 것이고, 제2차 세계대전이 벌어지기 한 세대 전에 정신세계가 형성된 내 아버지와 수많은 켄터키 시골 지역 사람들도 그랬을 것이다. 그들 말고도 수

---

[*] Alexander Mackenzie, *The Highland Clearances* (Glasgow: Alexander Maclaren, 1966), 43~44. 원주

[**] Scottish Highlands Clearances, 18세기와 19세기에 걸쳐 스코틀랜드 고지대에 거주하던 주민들이 인클로저 운동의 여파로 거주하던 땅과 경작하던 토지에서 쫓겨난 일. 그 여파로 스코틀랜드의 전통문화가 상당히 파괴되었으며 스코틀랜드 저지대, 미국, 호주 등지로 떠나는 이민자 수가 급증했다.

많은 사람들이 아무리 작고 아무리 보잘것없더라도 스스로와 가족, 이웃들의 삶을 지탱할 중요한 수단이 되어 줄 땅이 필요하다고 말한다. 그런 땅을 소유하고 그 땅에 기대 살 수 있는, 오래도록 유지된 진실되고 인간적인 관계가 필요하다고 말한다. 이것은 절대로 "불행하여라, 빈 터 하나 남지 않을 때까지 집에 집을 더해 가고 밭에 밭을 늘려 가는 자들! 너희만 이 땅 한가운데에서 살려 하는구나"*와 같은, 땅에 대한 탐욕이 아니다.

지주들이 양을 키우고 사냥할 곳을 마련하기 위해 자신들의 작은 소유지에서 '청소' 당해야 했던 스코틀랜드 고지대 주민들은 대부분 터전을 옮기거나 굶어 죽거나 둘 중 하나를 택해야 했다. 이미 암시했듯이 그들의 운명은 독특한 것이 아니었다. 잉글랜드의 인클로저 법**이 고의로 가져온, 어처구니없는 손실이었다. 마찬가지로 시골 사람들의 강제 추방은 스탈린이 지배하던 러시아에서도 일어났고 현재 중국에서도 일어나고 있다. 아메리카 인디언을 '청소'한 방식과 미국이 발전해 나가는 방식은 너무도 비슷하다. 농장 노동자들을 기계로 마구 대체한 방식과

* 「이사야」 5장 8절. 원주
** Enclosure Acts, 개방된 토지나 공동으로 사용하던 땅에 구획을 지어 법적 소유권을 갖게 한 법으로, 1604년부터 1914년까지 약 28,600평방킬로미터의 땅에 구획이 지어졌다.

마찬가지로, 제2차 세계대전 후 미국이 농촌에 취한 방식은 '농부가 너무 많'으니 '규모를 더 키우거나 관두거나' 둘 중 하나를 택하라는 것이었다. 그것이 미국이 취한 반半공식적인 농업 정책이다. 반半공식적이라고 하는 이유는 의회가 법으로 정하지 않았기 때문이다. 기업과 학계, 정치 지도자들의 '전문적' 견해가 이 정책의 토대가 되었다고 한다. 이들의 견해에 따르면 비교적 자족적인 소규모 생산자들은 산업 '노동력'의 일원이 되어 산업적 일용품의 소비자가 되어야 한다는 것이다. 농부의 수를 줄이고 농장의 규모를 줄이는 파괴적인 결과가 정치적으로는 성공적인 목표가 되었다. '자유시장'은 농부가 농업 아닌 길을 찾아가도록 만들었다. 이 말은 무엇보다도, 산업형 농업에서는 농부들이 원재료를 비싸게 사서 값싸게 팔아야 한다는 뜻이었다. 현재까지는 거의 대부분의 토지 이용 인구가 농장과 집을 떠나 산업 노동자로 일하거나 실직 상태이며, 산업주의의 방식과 생산품에 전적으로 기대고 있다. 여전히 '농부'로 남아 있는 이들은 수천 에이커의 땅에 콩이나 옥수수 같은 일년생 줄뿌림 작물을 심고 어마어마한 기계들을 부리고 있다.

아주 오래전부터 우리는 땅에서 멀어진 결과가 무엇인지 경험과 사례를 통해 알고 있었다. 물론 알려고 하는 의지가 있어야겠지만 말이다. 땅에서 멀어지면 아주 고통스럽다. 그러나 이

것은 반쪽 진실이다. 나머지 반쪽 진실은 땅과 올바른 관계를 맺은 이들, 땅을 진정으로 걱정하는 이들이 땅을 떠나면 땅도 역시 고통스럽다는 것이다. 땅과 사람은 서로에게 영향을 미치는 관계이며, 둘로 나눌 수 없다는 증거다. 이것이 바로 땅과 사람의 고통을 제대로 바라본 결론이다.

첫 번째 문제는 땅을 이용하는 사람들이 급격하게 줄어들고 있다는 데 있다. 사람이 없는 채로 땅이 생산성을 그대로 유지하는 데서 문제가 생긴다. 그런데도 전문가들은 '농부가 너무 많다'는 신조 그대로 진단하며 해결책을 내놓는다. 놀랍지도 않다. 제2차 세계대전이 끝나자 군수산업은 전쟁 때 썼던 기계와 화학기술을 '농업의 수요'에 적용할 수 있게 '탈바꿈'시켰다. 편리하게도 말이다. 농부와 그 가족들이 떠난 자리는 광석이나 석유, 즉 '천연자원'을 통해 무제한에 가까운 양으로 새롭게 정비된 전쟁 기술이 메울 것이었다. 농업도 산업이 된 것이다. 흔히 공장들이 자동화되고 원격 조종되듯이 농장도 공장이 되었다. 따라서 산업적인 토지 이용은 살아 있는 세상에 대한 최전선의 전쟁터인 것이다. 아직까지 남아 있으나 얼마 되지 않는, 그리고 점점 줄어드는 농부들은 이런 상황에서 땅을 더 비옥하게 만들기보다는 더 많은 화석연료를 쓸 수밖에 없는 여러 수단을 갖추는 데 더 열중하게 되었다. 전문가들도 눈을 뜨고 있다면 그 결과를 예상할 수 있을 것이다.

그러나 더 큰 문제는 전문가들이 그때도 몰랐고, 지금도 여전히 문제를 제대로 보지 못하고 있다는 데 있다. 바로 땅을 제대로 돌보지 않는 농업 생산은 오로지 소모로만 이어질 수 있다는 점이다. 농부들이라면 자기가 계속 이용해야 하는 땅을 잘 돌봐 가면서 농사를 지을 것이다. 농부가 땅을 돌보는 일은 눈에 보이는 생산물도 없고, 산업적인 결과물도 아니다. 그것은 시장이 미리 처방하거나 강제할 수 없는 일이며, 공짜인가 하면 아니고, 공짜가 아닌가 하면 공짜인 그런 일이다. 보살핌은 인간의 마음으로 알고 있는 것에서만 나올 수 있다. 왜냐하면 그것이 인간의 관심사와 인간의 핵심이기 때문이다. 인간은 돌봄이 어떻게 이어져 왔는지, 왜 필요한지, 어떤 기술이 필요한지, 어떤 유산을 남겨 왔는지, 보살핌은 무엇인지를 마음으로부터 알고 있다. 전쟁 기술이 농업을 잠식하자 농부들과 그 가족들은 기계에 밀려나 쫓겨났다. 탄원은 소용없었다. 이제 전쟁 기술은 땅과 사람을 폭격하기 시작했다. 이런 논리에 기초해 토지를 이용하는 모습과 전쟁을 두고 비교해 보니, '정확한' 원격 관찰과 통제 기술로 치러지는 오늘날의 전쟁과 농업이 놀라울 정도로 비슷하다는 것을 알게 되었다. 전쟁 기술과 농업 모두, 자기 앞을 가로막는 것이라면 그것이 자연법이든, 도덕이든 모조리 무시하거나 반항했다. 또한 방법보다는 결과를 절대적 우 위에 두는 끔찍한 실용주의였다. 산업의 토지 경제에서는 농업부터 광업까지 땅에서 나오는 것 중 팔 수 없는 것은 모조리 적으로 간주했다. 그 적에는 자연 공동체와 인간 공동체가 포함된다.

"가장 빠른 방법이 최선의 방법이다." 효율성을 앞세우는 산업주의의 목표는 분명하다. 산업 경제에서는 기술과 유행이 가능한 가장 급격한 속도로 번성한다. 산업적인 토지 사용, 또는 토지 사용 공급자들은 토지에 대해 기계의 길을 가장 빠르게 만들어 줌으로써 번성한다. 그 길을 가로막거나 속도를 늦추는 것은 무엇이든 제거해야 한다. 산업 농경의 최고선은 '최대한의 확장'과 '가장 곧게 뻗는 선'이다. 그 목표를 위해 나머지는 모두 양보해야 한다. 살아남은 숲과 나무, 울타리 옆의 땅은 모조리 제거해야 한다. 동물, 그리고 그 동물들이 살아갈 목초지, 우리도 마찬가지다. 남아도는 사람이나 건물도 마찬가지다. 물길은 직선으로 만들고 웅덩이는 메워야 한다. 트랙터가 굴러갈 수 있는 땅덩어리는 경작을 해야 한다. 이렇게 토지를 이용하는 것은 전적으로 시장이 결정한다. 가능한 기술 능력이 어느 정도인지도 중요하다. 반면, 생태계의 건강과 인간의 건강, 지역 경제의 건전성과 관계된 문제는 쉽게 무시된다. 산업은 그런 문제에 대해서 내놓을 답이 없기 때문이다.

보수주의자들의 말장난과 분개는 때로는 전형적인 비난과 저주로 이어지기도 한다. 나라도 그걸 조심스레 피할 수 있어야겠다. 토지를 아무렇게나 써 대는 사람들이 늘어났다고 해서, 모든 산업형 농부와 임업 종사들이 악당이란 소리는 아니다. 올바른 해결책을 얻기 위해서는 토지 이용자들은 경제 체제, 여러 제약, 손쉬운 기술 도입 가능성 때문에 땅을 함부로 사용하게 되고 때로는 강요당하기도 한다는 것을 이해해야 한다. 그것이 공정한 시각이다. 또한 땅을 건전하고 올바른 방식으로 쓸 정책은 없으면서 토지 사용자들에게 땅을 제멋대로 쓰도록 권장하거나 부추긴다는 사실도 알아야 한다. 좋은 정책을 이끌어 낼 공적인 관심이나 토론 또한 없다.

게다가 현재 남아 있는 대다수의 농부들이 이제는 완전히 산업화되었다. 산업화된 농부들은 그 어느 때보다 넓은 '활동 반경'을 보여 주면서 다른 농부들에게 경제 입지를 거의 대부분 물려받았다. 그러면서 한 해 또는 몇 해 정도는 수입이 좋은 해를 맞기도 한다. 대개는 특정 농작물 품귀 현상이나 흉년 같은 때 그렇다. 그러나 그런 농부들의 미래는 절대 안전하지 않다. 그것이 합리적인 결론이다. 또한 산업 시대에서 그들 농부의 아들딸이 농부가 될 가능성은 점점 줄어든다. 농부들에게 '산업적 투입물'을 공급하는 회사와 '농장의 생산물'을 구입하는 회사가 급속히 번성한다 할지라도 농부가 제대로 된 대접을 받을 가능성은 적다. 최초의 금융 부담을 지는 사람이면서 실제로 노동하는 것은 농부지만, 결국 가장 나중에 고려되는 것도 농부다. 가장 적은 존중, 가장 적은 대가, 그것이 농부가 얻는 것들이다.

오늘날 땅이 아무리 함부로 사용된다 해도, 제대로 보존해야 한다는 요구가 아무리 크다 해도, 토지는 제대로 쓰이지 못한다. 그게 명백한 사실이다. 왜냐하면 토지를 제대로 사용할 능력이 있는 이들에게는 토지가 제공되지 않기 때문이다. 최근에 나는 농업과 수질에 관한 어느 회의에 참석했는데, 그 회의에 참석한 사려 깊은 농부가 아주 충격적인 지적을 했다. 그 농부의 지적으로 사실상 그 회의는 끝이 난 셈이다. 물론 실제로 그리 되지는 않았지만 말이다. 농부는 말했다. "동물의 배설물로 만든 거름이 강물로 흘러들지 않게 해야 한다는 것은 농업 경제적 측면에서는 합리적입니다. 그래요." 그러면서 한마디를 더 했다. "그러나 처리하지 못한 동물 배설물로 가득 찬 당신 집에 살게 될 다음 사람을 생각해 보세요. 당신을 뒤이어 그 집에 살게 될 사람도 그렇게 책임을 질지는 알 수 없는 법입니다."

우리가 처한 이 곤경을 최대한 이해하기 위해 이제 웨스 잭슨Wes Jackson을 참고하고자 한다. 잭슨은 인간이 사용하는 어떤 크기의 땅이든지 거기에는 '에이커 당 눈의 비율eyes-to-acres ratio'이 있다고 했다. 이것은 땅을 파괴로부터 지켜내는 데 필수적이면서 정당한 비율을 말한다. 여기서 '눈'은 자신만만하게 지켜보는 것, 자연의 자각, 그 장소의 역사, 끝없는 현재성, 그 어떤 해로움이나 건강의 징표를 알아차리기 위해 항상 깨어 있는 것을 의미한다. '에이커 당 눈'의 필수적인 비율은 장소마다 조금씩 달라지며, 반드시 과학적으로 예측 가능하거나 계산해 낼 수 있는 것은 아니다. 왜냐하면 장소마다 너무나 많은 자연적인 변수와 인간적인 변수가 있기 때문이다. 그럼에도 올바른 '에이커 당 눈의 비율'의 필요성은 법의 효력마저 가지고 있는 것으로 보인다.

경제적 자연 경관은 간단히 말해 매우 주의 깊은 감시가 필요하다. 여기서 '주의 깊은'이란 올바른 형용사다. 몰라서 주의하지 않는 사람, 너무 많이 알아서 주의하지 않는 사람, 주의만 하지 알려고 하지 않는 사람은 감시하지 않는다. 이 지점에서 생물학자 로버트 위든Robert B. Weeden의 말은 꼭 언급하고 가야겠다. 위든은 이 에세이의 초고를 읽어 주기도 했다.

본질적인 눈은 주의 깊으면서도 사랑스러운 거라네. 자네가 돌봄이라는 말을 썼는데 그 말은 사랑스럽다는 말과도 같은 말이지. 그런데 돌봄이라는 말을 쓸 때 동기가 다양할 수도 있지. 투자처를 알아볼 때도 포함해서 말이야. 필요한 주의력은 전적이고 균형 잡힌 것이지, 단순한 분석으로 왜곡된 것은 아니야. 협소한 초점도 필요하기는 하지만 그것으로는 충분하지 않아. 사랑스러움에 대해 말하자면, 혼자서는 절대 안 돼. 적어도 자네가 말한 장소와 관련해서는 말이야. 18세기와 19세기의 낭만주의자들은 시골을 사랑하긴 했지만 그건 생각과 이상형으로서의 시골이었어. 그러니까 완벽한 이상향이 투영된 것 말일세. 소가 음매 하고 울면서 축축한 풀밭에서 풀을 잘 먹는지 누군가는 나가서 살펴봐야 한단 말이지!*

이 글에서 매우 본질적이면서 매력적인 것은, 실용적이며 실천적인 사랑이라는 생각을 소개한 부분이다. 위든의 편지를 읽으면서 내 경험에서 비롯되어 영근 생각에 대해 다시 들여다보게 되었다. '사랑'과 '지식'은 아주 밀접하게 연관되어 있어, 거의 동의어에 가깝다. 사랑하지 않는 것을 제대로, 혹은 잘 알기는 불가능하다. 또한 알지 못하는 것을 사랑하는 것은 절대로 불가능하다. 바로 이런 생각들이다.

'에이커 당 눈의 비율'을 진지하게 받아들이는 사람들, 그리고 조심스러우면서도 사랑스럽게 살펴보는 이들은 분명히 알고 있다. 이 나라에서 개발 중이거나 이미 경작 중인 땅들은 말 그대로 황폐화되었다는 사실 말이다. 비교적 평탄하고 광활한, 옥수수와 콩만 독점적으로 키우는 중서부 지역의 경우, 농부들의 수는 그 어느 때보다도 적다. 현재 에이커 당 농부들의 평균 수가 얼마인지 나는 모르지만, 옥수수와 콩의 사막을 몇 시간씩

---

* Robert B. Weeden, 2013년 1월 23일자 개인 편지. 원주

달려도 도로 옆 배수로 너머에 사람 하나 찾아볼 수 없고 옥수수와 콩 말고 다른 식물은 하나도 보이지 않는다는 사실은 잘 안다. 혹시라도 일하고 있는 사람을 본다면 틀림없이 그 사람은 에어컨이 나오는 거대한 트랙터의 운전석 안에 있을 것이며, 인간이라는 유기체와 토양이라는 유기체 사이의 관계는 오로지 기계에 의해서만 조정되고 있을 것이 분명하다. 우리의 좌식 문화가 실내 작업에서 야외 작업으로 옮겨졌을 뿐이다. '야외 작업' 중에는 비행기로 이루어지는 것도 있다.

땅과 사람 사이의 접촉이라는 것이 이런 식으로 간단하고 드물게 일어나며, 혹시 일어난다 해도 주로 파종과 수확 때만 일어난다. 파종과 수확의 속도와 규모는 너무나 빠르고 커져서 기계 장비의 작동을 넘어서는 수준 이상에는 관심을 기울이기가 불가능할 정도다. 수확 상태는 당연히 관심을 가지고 관찰해야 할 대상이지만 땅의 상태는 관심 대상이 아니다. 그리고 산업형 농업의 기술적 초점은 종 다양성을 한두 작물로 줄여 놓아서 인간의 참여를 거의 제로 상태로 만들어 버렸다. '노동 절약'이라는 압도적인 법칙하에서 노동하는 **장소**에 대한 노동자의 관심은 노동자가 현재 존재하는데도 불구하고 효과적으로 무효화되어 버렸다. 옥수수와 콩을 경작하는 농부들, 그리고 완전히 산업화가 된 다른 농부들에게 있어 '농경'은, 땅을 돌보거나 경작하는 복잡한 기술이 필요한 것이 아니라, 라벨과 기계 조작 매

뉴얼에 의해 전달된 지시 사항에 따라 '구입한 투입물'을 단순히 적용하면 되는 일로 전락해 버렸다.

지난 30년 사이, 중서부 지역의 옥수수와 콩 재배 방식이 너무나 갑작스레 이곳 켄터키의 아주 취약한 경사지에까지 침입했다. 이곳은 살충제에 기대는 '무경운 방식'이 공식적으로 추천되고 장려되는 지역인데, 이 무경운 방식이란 것이 주장처럼 토양 침식을 막아 내지 못할 뿐더러 계속 경작하면 땅은 더욱 황폐해진다. (최근까지 농작물을 심은 곳의 잡초 관리는 쟁기질, 혹은 다른 기계적인 방식으로 흙을 뒤섞거나 푸석하게 만드는 것이었다. 그러나 무경운 방식의 잡초 관리는 제초제로 잡초를 죽이는 방식이다. 물론 흙을 푸석하게 만드는 것도 침식에 취약하게 만드는 일이다. 게다가 경사지 땅을 푸석하게 만드는 것은 침식에 더욱 취약하게 만드는 일이다. 토양 침식을 막는다는 무경운 농법의 장점은 따라서 지나치게 가파른 토지에 식물을 심는 것을 정당화하는 것 같다.) 이 '최첨단' 방식이 확장된 것은 높은 곡물 가격으로 유발된 것이자, 공식적으로 추천되고 장려된 '바이오 연료'의 생산으로 야기되었다. 이 바이오 연료는 지속 가능하다고 평가되지만 생태적인 기준에 의해서가 아니라 매우 의심스러운 경제적 기준에 의해서 지속 가능하다고 얘기되고 있을 뿐이다.

어떤 장소가 인간의 사용과 돌봄 속에서 번성하면 '에이커 당 눈 비율'이 대체로 맞는다고 추측할 수 있다. 그 장소가 번성한다는 표시는 건강함과 다양성일 것이다. 단순히 그 장소의 수확물이나 가축에 그치지 않고 그 장소에 원래 살던 사람들과 팔아서 돈으로 바꿀 수 없는 생물들, 그 땅에 사는 생물들의 공동체까지 포함해서 말이다. 이와 같은 맥락으로, 지역 경제와 그 지역에 적응한 인간 경제가 번성하고 있다는 표시 역시 마찬가지로 번성함을 알려주는 중요한 지표이고 필수 요소다.

산업화된 농업의 가장 큰 특징적인 문제는 장소를 구별하지 않는다는 점이다. 그 결과 산업화된 농업은 집행자들이 가는 곳마다 눈을 가려 버린다. 따라서 산업화된 영농은 그 이름 그대로, 지역의 생태계나 지형, 토양, 지역 경제의 문제와 요구에는 눈을 감을 수밖에 없다.

나는 이곳 시골 지역의 경사지에 옥수수와 콩 산업을 강요하는, 어리석고 몰지각한 정책에 강력하게 반대한다. 1940년대와 1950년대 중부 켄터키의 여러 주에서 시행했던, 매우 조심스러운 농경에 대한 기억 때문이다. 그렇게 조심스럽게 농사를 지었는데도 상당한 부주의와 손해를 입었다. 당시 그 지역에서 가장 중요했던 농업은 매우 다양한 모습을 띠고 있었다. 식물과 동물 모두에게 그랬다. 사람들은 농업의 토대가 풀과 소, 양, 돼지 같은 초식동물에 있다고 보았다. 1940년대에 농사나 짐 운반에 쓰인 소, 당나귀, 말 같은 동물은 모두 방목하고 있었다. 곡물은 주로 사료로 쓰기 위해 재배했다. 농부들은 이렇게 말했다.

"여기서 키운 곡물은 **걸어** 나가야 합니다."

농부들은 해마다 땅의 아주 일부분에만 쟁기질을 했다. 내가 아는 나이 지긋한 훌륭한 농부 중에는 해마다 제일 위쪽 땅의 5퍼센트만 안전하게 줄뿌림 작물(옛장에서 다시 옛장으로 회전하는 것이 최고다)을 심으면 된다고 생각하는 사람도 있다. 이것이 바로 러셀 스미스J. Russel Smith가 그래야 한다고 한, 농경이 땅에 적응한 형태다.* 그리고 농장의 상업 경제는 각 가정의 정교한 자급자족 경제에 의해 증가되고 유지되었다. 농부들은 이렇게 말한다.

"나는 팔려 나가거나 가진 것을 다 잃을지도 모른다. 그러나 **굶어 죽지는** 않을 것이다."

내 동생이 최근에 우리 아버지가 우리가 태어나 자란 시골의 특징에 대해 얼마나 깊이 있게 생각하셨는지를 상기시켜 주었다. 아버지는 1920년대와 1930년대의 어려웠던 시절, 현금을 마련하기 위해 옥수수 값을 올린 것이 결국은 얼마나 쓸데없는 짓이었는지를 목격하셨다. 옥수수 값이 농부와 농장 모두에게 너무 높았기 때문이다. 아버지는 다시 길을 찾으셨고, 제대로 된 이윤을 넉넉하게 남길 수 있는 유일한 작물인 풀의 가격을 올리기로

---

* J. 러셀 스미스. *Tree Crops* (New York: Harcourt, Brace and Company, 1929), 260. 원주

했다. 우리 시골에는 곡물을 키울 만큼 충분히 넓은 땅은 없었으나 풀은 엄청나게 많이 자라고 있었기 때문이다. 또 풀은 다른 어떤 작물보다 훨씬 적은 비용으로 키울 수 있었다. 그리고 떼풀은 영구적이며 일 년 내내 토지를 덮어 주고 보존해 주었다.

1940년대와 1950년대에 이곳 농경의 질을 좀 더 잘 보여 주는 지표가 있다. 〈토양 보존 사무국Soil Conservation Service〉은 지난 몇 해 사이 토양 침식을 막기 위해 경사지에 쟁기질과 계단식 밭을 장려하는 데 훨씬 더 큰 성공을 거두었다. 농사 규모와 장비 규모에 알맞은 조치였기 때문이다. 지형 지도에 익숙한 사람이라면 누구나, 불규칙한 지표면 위에서는 등고선이 수평 상태로 펼쳐질 수 없다는 것을 잘 안다. 그게 분명한 진리다. 이런 가변성은 비교적 소규모 토지나 밭에서 한두 가지 장비로 농사를 짓는 농부에게는 아무런 문제를 제기하지 않는다. 그리고 한동안 경사지 경작은 여러 농장에서 이미 효과적으로 자리 잡은 농경 방식이 되었다. 그러다 경작지가 넓어지고 더 큰 기계들이 들어오게 되자 이 방식은 버려졌다. 결국 수많은 농부들이 계단식 밭은 그냥 무시해 버린 채 밭을 갈아엎어 버리고 그 위로 이랑을 만들었는데, 때로는 비탈 아래까지 이어지게 했다. 전에는 상당수의 농부들이 토양 보존이라는 생각을 즉각 받아들이기도 했다. 이 근처의 한 농부는 이런 밀을 했다.

"나는 물이 내 땅에서 천천히 **걸어** 나가기를 바랍니다. 달려 나가는 게 아니라."

그러나 특정 규모를 넘어서서, 이제 경작은 토양의 본질이 아니라 기계의 요구에 부응하기 시작했다.

여기서 잠시 내가 지금껏 두 번 인용한 농부 얘기를 몇 문단에 걸쳐 할까 한다. 그는 '걷다'라는 말을 긍정의 뜻으로 썼다. 즉 이 부근 농장을 떠나는 곡물은 '걸어서' 나가야 하고, 농장에 내리는 빗물은 달려 나가는 게 아니라 '걸어서' 나가야 한다고 말이다. 이것은 우연이 아니다. 농업의 사고와 감수성에 가장 어울리는 보행 방식은 걷기다. 걷기는 주위에 관심을 기울이기에 가장 적절한 보행 방식이고, 땅과 장비를 가장 잘 보존할 수 있는 보행 방식이며, 멈추어서 바라보고 생각하기에도 가장 좋은 보행 방식이다. 기계와 회사와 정치인들은 '달린다'. 자신들의 밭을 곰곰이 연구하는 농부들은 걷는 속도로 여행한다.

다양한 방식으로, 그리고 알맞은 규모로 운영되는 농장은 그 특성과 구조상 토지, 인간 공동체, 지역 경제를 보존하는 경향이 있다. 그런 농장은 그곳에 살고, 땅과 가족의 일상에 친밀히 포함된 가족의 일터인 동시에 집이다. 그렇게 함께하지 않으면 농부들은 더 이상 시골 사람이라고 할 수 없다. 사실상 시골에 사는 도시 사람이자 산업화된 일꾼이며 소비자일 뿐이다.

좋은 농업은 복잡하고 까다로운 요구 사항을 내놓기 마련이다. 이를 이해한다는 것은, 그리고 거대한 땅덩어리가 나쁜 농업에 넘어간 사실(나쁜 임업에 넘어간 거대한 땅덩어리는 차치하고)을 이해한다는 것은, 자연의 건강함(흥미롭게도 '환경'이라 불린다.)이 오로지 공원이나 '천연림 지대'에만 보존된다는 개념이 얼마나 헛된 것인지 이해한다는 뜻이다. 그런데도 일부 환경보존주의자들 사이에는 '공원'과 '천연림 지대'에 대한 환상이 남아 있다. 관리해야 할 토지의 범위를 확 줄임으로써, 초원의 소 떼나 경사지의 옥수수밭과 콩밭이 가져온 불행한 결과에 대해 눈감을 수 있게 된 것이다. 이는 '야생'이라는 출입 제한 지역이 '지구' 전체 자연의 건강을 보전할 거라고 주장하는 것과 다름없다.

이런 환경보존주의자는 식량을 생산하는 땅이 생태적으로 건강해야 한다고 주장하는 과학자들에게 뭔가 배울 수 있을 것이다. 하지만 그런 가르침을 줄 수 있는 과학자는 드물기도 하고 여기저기 흩어져 있기도 하다. 대학, 기업, 정부에서 주도권을 쥐고 있는 농학은 오늘날 실패했다는 증거가 엄청나게 드러나고 있다. 그런데도 거의 한목소리로 산업형 농업을 장려하고 있다. 토양 침식, 염류 축적, 대수층 고갈, 토양 영양소 고갈, 화석연료와 맹독성 화학물질 의존, 강과 하천 오염, 유전적 다양성과 생태적 다양성의 상실, 시골 공동체와 농경문화 파괴 같은 것들이 바로 그 증거다. 농과학자들과 전문가들은 자신들의 상투적인

'최첨단' 방식만이 옳다고 고집을 피운다. 그들 자신이 기업식 농업*에 고용되어 있거나, 아니면 자신들이 속한 대학이 아무 저항 없이 기업식 농업으로부터 돈을 받기 때문이다.

　도시의 환경보존주의자와 대학의 과학자들, 지식인들, 언론인들, 권력 있는 관료와 정치인들이 경제적으로 이용되는 시골 풍경 속에서 살지는 않을 것 같다. 대체로 그들은 미국 시골의 '오지'와 '듣지도 보지도' 못한 곳은 좋아하지 않을 것이며, 그런 곳에 대해서는 아는 바도 없을 것이다. 이 사람들 대개가 토지 이용의 문제에 대해서는 아는 바가 전혀 없고, 그런 문제는 하나도 중요하지 않다고 생각한다. 자연을 사랑하는 낭만주의자가 감상에 빠져 무심하게 넘겨 버리고, 제도에 묶인 농과학자가 두려움에 사로잡혀 무심하게 넘겨 버린 다음에는, 일반 대중들의 무심함에 넘어가 버린다. 이 일반 대중이라는 사람들 대부분은 경제적으로 이용되는 시골 풍경을 그저 달리는 차창으로만 내다볼 뿐인 사람들이다. 정말 우연히도 이들 중 어떤 사람이 차에서 내려 들과 목초지와 숲을 걸어 본다 해도 현재 상태가 '정상'이라고 생각할 것이다. 그 장소의 역사를 전혀 모르고, 그 장소에 대한 기억이 전혀 없기 때문에 그곳의 과거와 현재를 구

* agribusiness, 농업과 밀접하게 관련된 경제활동으로, 농업 생산물의 판매와 농업에 필요한 생산재를 생산하는 것을 가리킨다. 특히 이 활동이 자본주의적 사업으로 행해질 때의 농업을 말한다.

별할 수 없다. 그들은 그 지역이 퇴화되었다는 표시를 알아보지 못할 것이며, 글로벌 무역의 부작용으로 거기로 흘러들어온 수많은 외래종을 알아보지 못할 것이다.

이러한 무심함이 가장 쓰라리게 드러난 사례는 그저 생각이나 비유로 흔히 쓰고 있는 '땅'과 '생태계'라는 말에서다. 최근에 탁월한 작가 토니 저트가 쓴 매우 훌륭한 책 『더 나은 삶을 상상하라』*를 읽었다. 책의 제목은 올리버 골드스미스Oliver Goldsmith가 인클로저 법에 저항하며 쓴 「버려진 마을」**이라는 시의 한 구절에서 따 왔다. 골드스미스가 의미한 말 그대로 여기서 '땅'은 땅이라는 뜻이다. 그러나 토니 저트의 책에서는 절대 땅을 언급하지 않는다. 책에서는 '환경과 관련된 행복', 기후변화, '환경과 관련된 결과'에 대해 이야기하고, '시골의 아름다움'에 대해 존 메이너드 케인즈가 한 말을 인용하기도 하지만, 저트는 땅 그 자체에 대해, 그리고 토지 이용 경제나 자연 세계에 대해 생각해 보지 않은 것은 분명하다. 저트는 '땅'을 그저 '국가'나 '국가 경제'***를 가리키는 비유로 썼을 뿐이다.

토지 이용, 토지 이용 경제, 우리 삶의 천연자연에 대한 폭넓

---

* *Ill Fares the Land, Tony Judt*, 여기서 'Ill Fares the Land'는 'The Land Fares Ill'의 도치문으로 땅이 버려지다, 황폐해졌다는 뜻이다.
** "The Deserted Village", 1770년 발표.
*** Tony Judt, *Ill Fares the Land*(New York: Penguin, 2010). 원주

은 실천이나 유용한 관심은 없는 상태에서 우리에게 있는 것은 이런 것들뿐이다. 자본(통화가치로 매겨진), 최소 노동(숫자로만 측정되는 '일자리'이자 기술로 언제든 줄어들 수 있는 일자리), 정보(무한할지 모르나 절대 충분하지 않은), 마케팅(귀 얇은 사람을 유혹하는), 소비(상품을 쓰레기나 독으로 둔갑시키는)로만 구성된 국가 경제나 글로벌 경제 같은 것들 말이다. 그럼으로써 우리는 오래전에 '자기 나라를 사랑하는 마음'이라는 뜻을 지녔던 애국심을 잃어버렸고, 그 애국심이라는 이름으로 무지하고 냉혈한 군산복합체 군국주의가 나라를 게걸스레 삼켜 버리는 것을 눈뜨고 지켜볼 뿐이다.

이런 상황이니 토지 이용 또한 엄청난 속도와 최소한의 노동, 기술과 정보 적용으로 범위가 줄어드는 것은 이해할 수 있다. 토지의 경제적 이용에는 아무 제한도 따르지 않는다. 토지 이용의 기술이나 방식, 그리고 그로 인한 파괴는 제한이 없고 공적인 규제나 감시의 시선이 미칠 수 있는 범위도 훨씬 벗어난다. 이는 가치를 따질 수 없을 정도로 귀한 애팔래치아 탄전의 삼림 생태계를 도저히 원상 복구할 수 없을 정도로 철저히 파괴해 버린 탄광 개발의 정상 제거 채굴 방식에서 잘 드러난다. 오로지 양만을 기초로 하는 경제는 기괴하게도 무한과 무無, 무제한적인 욕망과 궁극적인 소멸, 둘 다를 향해 내달린다. 분명 그 어떤 억만장자도 십억 달러나 몇 십억 달러에 만족할 수는 없을 것이다. 그러나 어마어마한 부의 효과는, 눈으로 볼 수도 없고 만질 수도 없고, 통제할 수도 없다. 그럼으로써 진짜 부, 곧 살아갈 수 있고 생명을 되살릴 수 있는 능력을 없애 버린다.

나는 우리가 오늘날 경제의 기술, 방식, 자원, 추측, 규제들을 가지고 단순히 재주를 부리거나 고쳐서 토지 이용 경제를 복구하고 보존하는 조건을 세울 수 있다고 보지는 않는다. 우리 체제 내에 있는, 개선할 수 있는 여지의 상당 부분을 이미 소진해 버린 것 같다. 어쩌면 우리는 한 번도 셈해 보지 않았거나 예상 이익에서 빼 보지도 않은 비용으로 상황을 개선하려고 하고, 그래서 순손실은 말할 것도 없고 순개선의 개념조차 포기하고 있다고 말하는 것이 나을지도 모르겠다.

우리의 경제적 삶, 다시 말해 토지로부터 유래하는 우리의 삶의 방식이 실제로 더 나아질 가능성은 단순히 시골의 장소성에 대한 박식한 애착을 토대로 하여 우리의 시골을 안정되게 차지하는 것에만 있는 게 아니다. 그 가능성은 지식, 기억, 친근함, 상상력, 애정, 공감, 친절함 같은 보이지 않는 재화의 경제적 가치를 연구하는 데도 있다. 그리고 이 목록은 그 재화와 관계 있는 여러 재화를 불러옴으로써 얼마든지 늘릴 수 있으며, 이 무형의 재화 하나하나는 내가 사례로 든 것들처럼 어떤 조건과 어떤 한계를 부과하게 될 것이다. 물론 경제는 양으로 다루어야 하지만 내가 든 목록의 재화들 같은 것에 답해야 하는 경제는 그 효과 면에서 단순히 양의 경제와는 반대가 되어야 한다. 나는 위의 무형의 재화들을 '감정'이라고 부르는 데 반대한다. 마찬가지로 '특성'이니 '생각'이니 하는 말로 부르는 데도 반대한다. 이 재화들은 분명 특성, 생각, 감정으로 정보가 주어지지만 우리가 사람과 장소와 사물을 좀 더 통찰력 있게 대할 수 있게 해 주는 정신력이기도 하다.

농업이나 농경이 아니라 농장의 경제에 대해 생각하면서 우리는 곧장 지식의 가치를 바라보게 된다. 농사를 짓는 지식과 일을 하는 방식, 그리고 시기는 명백하고 상당히 짐작이 가능한 경제적 가치를 지니고 있다. 그러나 어떤 한 개인의 농장에만 국한된 지식(오랜 세월 경험으로 거둬들인 그 농장만의 자연과 성격과 역사와 한계, 그리고 올바른 사용에 대한 지식)은 훨씬 구체적이고 바로 계산되지는 않는 경제적 가치를 지닌다. 그 농장의 가치는 다음을 지적함으로써만 제대로 드러날 수 있다. 농장은 그것을 소유한 농부의 자산이 분명하다는 것, 농장은 판매될 수 없고 또 팔리거나 새로운 소유자에게 가르침을 통해 적당히 넘겨질 수 없다는 것 말이다. 왜냐하면 그 농장을 원하는 사람은 오랜 시간 동안 경제적으로 손해를 볼 것이며, 비용 상 돌이킬 수 없는 실수를 저지르는 셈이 될 것이기 때문이다. 이러한 지식의 가치는 앞에서 설명한 연속적인 단일 경작으로 농장이 말 그대로 완전히 엉망이 된 것을 보면 더 잘 드러날 것이다.

위에서 든 무형의 재화가 가진 힘과 효과를 가장 잘 보여 주는 공동체는 바로 아미쉬 공동체다. 지금까지 살펴본 바로는 이런저런 기준으로 다 따져 보았을 때 이 공동체가 미국에서 가장 성공한 유일한 공동체. 이런 공동체의 근본적인 힘이나 원칙이 그들의 종교라고 주장하는 사람도 있고, 그 어떤 공동체도 종교를 근본 원리로 삼지 않고는 성공하지 못한다고 하는 사람들도 있다. 나도 그런 사람들의 주장에 동의한다. 그래도 증명이라기보다는 적당한 입증은 필요하다고 본다. 그래서 여기서는 경제 문제만 다루려고 한다. 물론 아미쉬 사람들에게 경제는 모든 점에서 종교에 의해 형성되고 영향을 받기는 하지만 말이다.

아미쉬 경제의 근본 원칙은 올바른 규모에 있다고 말하는 것이 합리적일 것이다. 다시 말해 농장의 규모가 올바르며, 자연과 지역 자연경관, 공동체의 경작 방식, 작업 규모가 적절한 규모로 적용되고 있다는 얘기다. 규모의 올바름은 내가 목록으로 들었던 힘과 그 밖의 다른 것들에 긍정의 전망과 효용을 부여한다. 이것은 농장 경영의 다양성과 유연성, 그리고 지역 적응성을 가능하게 하는 원칙이다.

아미쉬 경제는 매우 철저한 이해와 관찰을 요하는, 한계에 달린 경제다. 그리고 이런 한계들 하나하나는 경제석 이득을 생산해 낸다. 아미쉬에서 야외 작업을 할 때는 말과 노새만으로 짐을 부리고 무거운 것들을 끌어당긴다. 그리고 말과 노새라는 한계는 농장 크기의 한계를 암시하기도 하고, 다양성을 암시하기도 한다. 이는 또 상호 의존적이고 서로를 지지하는, 식물과 동물의 체제라는 구조를 암시한다. 이리하여 농장은 농장에서 작동하는 대부분의 에너지와 비옥함의 근원이 되며, 이 모든 것들은 다 함께 생산 비용을 낮춘다.

또 다른 한계 역시 계산이 불가능할 정도로 중요한데, 바로 선린 관계neighborliness다. 선린 관계는 이웃의 농장을 내가 소유하느니 이웃이 있는 것이 더 낫다고 생각한다는 뜻이다. 여기에서 농장 규모에 대한 또 다른 제한이 나온다. 만일 이웃의 농장이 올바른 크기라면 이웃들은 어려운 때나 많은 일손이 필요할 때 서로서로 도움을 주고받을 수 있다. 사대 복음서에서 유래된 의미로도 그렇지만, 이웃이 있으면 도움도 받을 수 있고, 그 도움은 경제적으로 이득이 된다. 이웃끼리 서로 일을 도우면 이웃은 일꾼을 고용하느라 현금을 지불할 필요가 없다.

아미쉬 사람들은 공공 학교는 8학년까지만 보내는 것으로 유명하다. 악명이 높다고 할 수도 있을 것이다. (그렇다고 해서 그들이 배움을 완전히 금지한다는 얘기는 아니다. 기계 공학을 배우러 집을 떠나는 아미쉬 사람도 있다.) 그들이 배움을 제한하는 것은 자녀들을 공동체에 계속 머물게 하기 위해서다. 자녀를 공동체에 계속 머물게 하고 **싶은데**, 주류 사회의 교육이 특히 시골 아이들이 공동체를 떠나게 만든다고 생각한다면, 아미쉬 사람들의 방식은 일리가 있는 것 같다. 공동체의 아이들을 어찌어찌하여 공동체에 머물게 하였다면 두 가지 바람직한 결과를 낳을 수 있다. 첫째, 아이들은 일찍부터 관찰을 통해, 그리고 커서는 직접 해 보면서 공동체의 일을 배운다. 둘째, 만일 전부, 또는 대부분의 아이들을 공동체에 남겨 두면 사실상 가장 똑똑하고 재능 있는 아이들이 공동체에 남아 있는 셈이다. 공동체에서 가장 똑똑하고 가장 재능 있는 일원들이 거기에 남아 그 공동체의 지역 환경에서 그 공동체의 일을 한다는 것은 그 일에 가장 똑똑하고 가장 재능 있는 일꾼을 쓰게 되는 셈이며, 아주 좋은 사례를 만들어 내 이웃이 따라하게 만드는 일이다. 이것이 경제적인 이득이다. 게다가 이런 공동체는 도구를 다룰 수 있는 능력도 얻게 될 터인데, 그 능력은, 내 친구 위든의 말을 한 번 더 인용하면, "쓰기 위함이 아니라 쓰지 않기 위한 기술이 더 필요한"* 능력이다.

의식적으로 크기를 제한한 농장에서 줄뿌림 작물과 사료를 적당한 수의 동물과 균형을 맞추어 키운다면 사실상 동물과도 매우 친숙해진다. 동물 한 마리 한 마리를 제대로 알게 되고 동물에게 공감하게 된다. 이와 관련해 가장 잘 알려진 예는 「시편」 23편일 것이다. '목자의 시편'으로 알려진 이 시편에서 목자는

* 로버트 B. 위든, "Small Forays into Big Spaces"(미출간 에세이). 원주

자신을 신의 양이자 자기가 키우는 양 가운데 한 마리로 본다.

"푸른 풀밭에 **나를** 쉬게 하시고 잔잔한 물가로 **나를** 이끄시어."*

마찬가지로 이 한계의 동일한 순서에 따라 야외 작업에 말 한 팀을 동원한다면 '말의 입장이 되어' 공감하고 상상해 봄으로써 말이 언제 열이 나는지, 언제 심하게 지치는지, 너무 심하게 몰아대는 것은 아닌지를 알 수 있다. 거기서부터 공감까지는 멀지 않다. 왜냐하면 농부가 갈고 있는 밭도 넘치게 경작되면 쉬게 해 주어야 하기 때문이다. 상상력은 공감으로 이어지고 공감은 다시 돌봄으로 이어지며, 상상력과 공감과 돌봄은 경제적 이익을 가져온다.

일단 이러한 상호 의존적인 한계와 이익을 이해하고 나면 아마 끝없는 설명이 가능해질 것이다. 그러나 만일 훌륭한 아미쉬 공동체를 차로 둘러본다면 왜 수많은 사람들이 야외에서 바삐 일하는지 보게 될 거라고 이미 충분히 말했다. 여러분들은 아미쉬 사람들이 일을 멋지게 이루어 놓은 표가 드러나게 해 놓음으로써 그들이 사는 곳을 영예롭게 만들어 놓은 것을 알아볼 것이다. 그리고 여러분은 동시에, 수천 에이커가 넘는 옥수수 '농장'과 콩 '농장'이 황폐해진 모습을 통렬한 슬픔으로 떠올리게 될 것이다.

* 「시편」 23장 2절. 강조는 웬델 베리.

　지금까지 시골의 일이 쇠퇴한 것에 대해 말했지만 시골의 즐거움이 쇠퇴한 것도 마찬가지로 심각하다. 시골에 살면서 일하는 사람들이 시골을 즐기지 못한다면 인생의 가치 있고 필수적인 면은 실종됐다고 해야 할 것이다. 서로 가까이 지내며 친근하게 살 수 있었던 규모의 농장이 전해 주는 경제적 삶은 그 자체로 시골에서 얻을 수 있는 최고의 즐거움이다. 우리가 예측할 수 있듯이 매일이 즐거운 것도 아니고 모든 일이 즐거울 수도 없지만, 자기가 키우는 가축을 좋아하는 농부들에게는 가축이 풀을 씹어 먹는 모습을 보거나 겨울철 사료를 먹는 모습을 지켜보는 것만도 즐거운 일이다. 보수를 하고 낡거나 부서진 것을 고치는 일에도 기쁨이 있다. 게다가 그런 일은 늘 해야 하는 일이다. 가족들이 소유한 땅이 내어 주는 것을 키우고 보존하고 요리하고 음식을 먹는 것에는 기쁨이 있다. 농장에서 보내는 삶, 농장에서 하는 일 가까이에는 또 다른 기쁨들이 가득하다. 삶을 지탱해 주는 그런 기쁨들은 대부분 값이 아주 싸거나 공짜다.

　분명히 얘기하자면, 나는 아주 작은 시골에서 살고 있다. 특별한 지형지물도 없고 높은 산이나 절벽이나 폭포나 광활한 전망도 없는 곳이다. 그 자체로 충분히 아름다운 곳이지만, 천연림을 사랑하는 여행객을 끌어들일 만한 것이 거의 없다. 아주 멋진 풍경이나 캐널 만한 광물이 없다는 것은 축복이다. 계곡 밑 바닥만 제외하면 지형은 경사면이 많은 편이다. 계곡의 사면을 따라 경사도 가파르다. 계곡은 골짜기와 계곡물로 나뉘어져 있고, 어디나 부분적으로는 숲이 우거져 있다.

풍경이 보잘것없고 다양해서 아주 최근까지 경작과 사냥, 그리고 채집 사이에 분명한 구분이 없었던 곳이다. 농가에서 얻는 수입이라고 해 봐야 집에서 키우거나 만든 것을 내다 팔아 얻는 것이 고작이었다. 사냥이나 낚시, 덫으로 잡은 것에서도 수입을 얻었다. 숲에서 말 먹이를 얻거나 베리 같은 열매를 모으기도 했다. 이런 것들은 농가 수입이 된다는 것 말고도 활동 자체가 큰 즐거움이 되어 주었다. 하운드 개나 사냥개를 키우는 농부가 많았다. 사냥 장비와 사냥 실력, 그리고 낚시는 조금도 특별한 일이 아니었다. 그저 철 따라 하는 일일 뿐이었다. 일상적으로 사람들은 땅과 작물, 목초지와 가축에 대해 늘 이야기하고 살핌으로써, 그 상태에 대해 잘 알고 있었다. 자신의 집 뜰과 정원, 숲, 강에 대해서도 마찬가지였다.

나는 포트 로열이라는 작은 마을의 가운데 살고 있다. 이곳은 켄터키 강을 따라 그 지역의 지류에 있는 분수령에 있다. 그 당시 다른 시골 지역 공동체들이 철도의 영향을 받은 것처럼, 내 고향 농장의 상당수가 산업화되었다. 도시화되기 전에 이곳 사람들은 강의 영향을 받았다. 포트 로열 인근 지역에서는 모든 남자와 사내아이들, 그리고 여자들과 어린 여자아이들 일부도 켄터키 강에서 때때로 물고기를 잡았다. 어떤 남자들은 '하루 종일' 물고기를 잡거나, 아니면 물고기를 '지나치게' 많이 잡았다. 약 한 세대 이전에는 상업적인 어업도 있었다. 여름날이면 어떤 집에서는 남자아이들이 하루도 빼놓지 않고 줄에 매달려 소리를 지르면서 강에 뛰어드는 소리가 나곤 했다. 나중엔 내가 그 집에 살게 되었다. 나도 그들 중 하나였다. 우리 어머니는 그 집에서 태어나셨는데, 어린 시절 강에서 수영 파티를 하고 소풍을 즐기던 기억을 무척이나 사랑하셨다. 아주 더운 날 어머니는 친구들과 포트 로열에서 강까지 시원한 수영을 즐기려고 걸어내려 왔다가 다시 시내로 가기 위해 더위 속에 언덕을 걸어 올라가곤 했다.

그러나 이제 그 모든 것들은 과거에 속한다. 지역의 강들에 익숙한 마지막 낚시꾼들은 사라져 버렸다. 거의 자동차만큼이나 빨리 달리는 값비싼 '농어 보트'를 이용하는 낚시꾼들이 자리를 차지해 버렸다. 이 스포츠는 '낚시'를 한다기보다는 '장비를 이용'한다고 해야 할 것이다. 아직도 나는 옛 낚시터에서 주낙줄로 낚시를 하는데, 작년에 그 낚시터에 새로 온 사람은 한 명뿐이었다. 경쟁 상대가 없었기 때문에 그 사람은 커다란 메기 여러 마리를 잡았다. 고향 사람 일부, 그리고 많은 외지인들은 칠면조와 사슴을 사냥한다. 아직도 다람쥐 사냥이 성행한다. 이 지역의 전설적인 사냥감인 메추라기는 거의 멸종되었으며, 새 사냥꾼도 메추라기와 함께 사라졌다. 아주 드물게 하운드 개와 다니는 사람도 있기는 하다.

가장 눈에 띄는 점은 시골에서 어린아이와 십 대 청소년이 거의 사라졌다는 점이다. 특히 바깥에서는 거의 볼 수 없다. 대규모 산업 농경의 기술이 너무 복잡하고 너무 위험해서 아이들이 거기에 참여하지 못하는 것이다. 이 지역 사람들 대부분은 어릴 때 부모의 일터를 따라 다니며 놀았고, 자연스럽게 농장 일을 배웠다. 그러나 그런 시절은 이제 지나갔다. 요새 아이들은 숲이나 냇물 근처에서 노는 것은 고사하고 자기 집 마당에서도 별로 놀지 않는 것 같다. 요즘 아이들은 전부 학교 버스에서 내리자마자 부모 차로 옮겨 타고는 집으로 곧장 가 버린다. 십 대들 대부분은 방과 후 시간을 실내에서 보내거나 자동차 여행을 가는 게 고작이다. 다 큰 사내아이들은 더는 낚시도 수영도 사냥도 캠핑도 하지 않는다. 물론 일도 하지 않는다. 예전에는 방학이면 잠깐씩 농장에 일을 하러 오던 도시 아이들도 더 이상은 그런 일을 찾지 않는다. 혹은 할 수 없게 되었다.

얼마 전, 소규모 학교들이 통합되기 전 시절에 대해 나와 같은 세대인 사람과 얘기를 하다가 그 당시에는 헨리 카운티에 고등학교가 다섯 곳이나 있었다는 이야기가 나왔다. 그러고는 내가 말했다.

"우리가 어렸을 때는 이 지역에 농구 팀이 다섯이나 있었지요."

그러자 그가 말했다.

"그런데 말이죠, 제가 만약에 3학년이었으면 그때 팀 어느 팀이라도 지금 농구 팀을 이겼을 겁니다."

"그러게 말입니다, 다들 한 실력씩 했지요."

내가 말했다.

"맞아요, 우리 때는 무엇이든 제대로 **할 줄 알았지요.**"

바로 얼마 전에도 어떤 여성이 걱정하는 소리를 들었다. 남편이 '젊은이조차' 농장 일손으로 구하지를 못한다는 거였다. 누가 물었다.

"도대체 젊은이들은 **뭘** 한단 말이요?"

그 여성은 화가 잔뜩 나 있었다.

"아무것도 안 한대요!"

맞다. 젊은이들은 아무것도 하지 않는다. 아마도 그들은 하고 싶은 것이 없을 것이다. 습관과 주입식 교육에 익숙해진 젊은이들은 실내 생활이 편하다. 젊은이들은 술을 포함한 약물, 섹스, 그 밖에 다양한 디지털 장비들에만 흥미를 느낄 뿐이다. 조금만 불편하거나 '필요'해도 어디서나 약물을 추천하는 사회에서는 약물 남용은 얼마든지 예측 가능한 결과다. 다양한 디지털 장비를 사용하여 인터넷으로 주선되는 섹스는 낭비와 소비경제에 동참한 대가로, 그리고 또 다른 새로운 '권리'로, 만능 치료제로 자리매김한다. 젊은이들을 '미래 세계'에 준비시키는 데 디지털 장비는 꼭 필요한 기기로 간주된다. 이렇게 값비싼 준비물을 마련하기 위해 드는 비용은, 돈이 들지 않는 대문 바깥의 현실 세계에서 가상 세계로 탈출한다는 착각과 맞바꿔진다. 그래서 젊은이들은 인생에서 가장 활기찬 시절을 대부분 컴퓨터 화면 앞에 앉아 그걸 바라보면서 보내고 있다.

규칙적으로 시골에서 사냥을 하거나, 낚시를 하거나, 말 먹이를 찾아다니거나, 산책을 하거나 놀이를 하는 사람은 감시자, 기억하는 사람, 이야기꾼으로서 지역 경제와 관리에 기여한다. 그들은 '에이커 당 눈의 비율'에 나름으로 기여한다. 이제 그런 사람들 대부분은 과거 여기서 일했던 거의 모든 농장 사람들과 같이 사라졌거나 존재하지 않는다.

그들과 함께 지역의 이야기와 노래도 사라져 버렸다. 사람들이 지역의 기억에서 나온 이야기를 텔레비전에서 나온 이야기로 대체해 버리자 삶의 또 다른 핵심적인 부분이 사라져 버렸다. 작은 시골 공동체가 간직하는 이야기에는 생명이 깃들 수 있다. 나에게는 그런 기억이 있다. 그런 이야기를 하고 또 함으로써 사람들은 자기들이 누구인지, 자신들이 어디에 있는지, 자신들이 무엇을 했는지를 말하는 것이다. 따라서 그들은 평범한 대화 속에서 그들만의 살아 있는 역사를 유지했다. 내 친구 존 해로드는 켄터키의 전통 피들 악기* 음악을 철저하게 배운 사람인데, 과거 모든 시골 공동체는 그 지역만의 독특한 곡조에 맞춰 노래를 듣고 부르고 춤을 췄다는 이야기를 들려주었다. 한 공동체가 살아온, 그리고 살아가는 삶의 경제적 가치는 무엇일까? 시골에 잘 자리 잡은 공동체의 예술과 삶은, 지역 경제가 지속되고 지역 사람들의 삶을 지탱하는 데 꼭 필요하다고 나는 믿는다. 그러나 그런 공동체의 가치는 계산이 불가능하다. 시골의 공동체는 오직 인정받고 존중받을 수 있을 뿐인데, 현재의 경제는 무능하여 그 자체로는 시골 공동체를 인정하거나 존중할 능력이 없다.

그 사이 이 지역 농장들과 숲은 나쁜 농경과 나쁜 벌목 때문에 내가 기억하는 어떤 때보다 더 빠르고 나쁘게 망가져 가고 있다. 이러한 남용의 표시는 길에서 보아도 눈에 띌 만큼 흔해졌지만 아무도 쳐다보는 사람이 없다. 혹시 바라보는 사람이 있다 해도 그 사람에게 아무런 기억이나 지식이 없으면 시골은 '정상'으로 보인다. 잠깐 들르는 외지인들은 거의 항상 시골이 '아름답다'고 말한다. 그러나 켄터키 강 옆에서 50년 가까이 살아온 나에게 최근의 변화는 분명 거대하고 개탄스러우며 수질 변화

---

* fiddle. 바이올린과 아주 유사하며, 때로는 바이올린의 다른 말로도 쓰이는 아일랜드의 전통 현악기.

도 분명히 극적이다. 그러나 거의 대부분의 사람에게는 완벽하게 눈에 띄지 않는 모양이다.

켄터키 강 저수면 부근의 토종 검은버드나무가 사라진 것을 내가 맨 처음 알아차린 것이 어느 해였는지는 잘 모르겠다. 검은버드나무가 사라진 것은 단번에 알 수 있는 일이었다. 왜냐하면 버드나무는 원래 눈에 잘 띄는 나무이고, 강의 건강에 매우 중요한 수종이기 때문이다. 강둑이 '무너지거나' 큰 나무가 뽑혀서 햇빛에 노출될 때마다 버드나무가 강둑을 재빨리 안정화시켜 준다. 버드나무의 울창한 모양이나 작은 이파리들은 강가 풍경에 독특한 우아함을 부여해 주었는데, 이제 사라져 버렸으니 옛날을 기억하는 사람들은 버드나무를 무척이나 그리워한다. 남들처럼 나도 나쁜 소식은 싫다. 그래서 나는 어쩌면 내 집과 작업장에서 강이 보이는 부분에서만 버드나무가 사라졌을지도 모른다고 생각했다. 그런데 2002년, 아주 오랜만에 처음으로 모터보트를 이용해 제1수문과 제2수문 사이 43킬로미터에 달하는 풀pool의 강변을 주의 깊게 살펴보았다. 강둑 높은 곳에는 오래된 버드나무가 몇 그루 보였으나 간조정선*이나 그 부근에는 아예 없었고, 어린 버드나무는 그 어디에도 없었다.

* low water line, 강의 낮은 면이 강변과 교차하는 선.

그 지역의 다른 개울에는 예전처럼 버드나무가 여전히 자라고 있었고, 캐럴턴의 켄터키 강 하구 바로 위의 오하이오 강 강변에는 많이 자라고 있었다. 왜 켄터키 강에서만 검은버드나무가 사라졌을까? 결론은 이렇다. 켄터키 강에서 버드나무가 사라진 것은 강물이 뭔가 심각하게 잘못되었기 때문이다. 그래서 2002년 이후로 나는 대답을 알 만한 사람을 만나면 무조건 물어보았다.

"도대체 켄터키 강에서 왜 검은 버드나무가 사라졌을까요?"

환경보존주의자들, 특히 켄터키 강과 관계 있는 환경 보존 단체, 수질 담당 공무원, 대학교 생물학 교수 등에게 물어보았다. 하지만 답을 해 주는 사람은 아무도 없었다. 오직 어부 몇 사람만이 왜 버드나무가 사라졌는지 말해 줄 뿐이었다.

굉장히 놀랍지 않은가. 적어도 한동안은 나는 정말로 놀랐다. 이렇게나 수질오염이 심각한 나라에서, 수질에 관심이 있는 사람들은 주요한 강에 서식하는 눈에 띄는 하천 수목이 사라진 것에 틀림없이 예민한 반응을 보일 것이라고 생각했던 것이다. 그러나 그렇게 무시하는 것이 이해할 만한 상황이라는 것을 나는 결국 알게 되었다.

약 한 세대 전, 그러니까 포트 로열의 모든 사람들이 대화를 시작하면 가장 먼저 어업이나 강의 상태 이야기로 말문을 꺼냈던 시절이었다면 분명히 버드나무가 사라진 사실을 쉽게 알아챘을 것이다. 어민은 주낙줄을 버드나무에 맸다. 하지만 앞서 말했듯이 그 시절은 지나갔고, 나는 지역 사람들이 아니라 전문적인 환경보존주의자에게서 지역에 대한 정보를 구하느라 애써야 했다. 그러나 환경보존주의자들도 남들과 똑같이 도시 사람들이다. 그들은 휴가를 감으로써 도시 환경과 머리 아픈 일에서 '탈출'한다. 따라서 그들은 어쩌다 한 번씩만 시골로 들어갈 뿐이며, 휴가를 간다고 해서 그들이 꼭 경제적으로 의미 있는 시골 풍경 속으로 가는 것도 아니다. 그들은 공원, 자연림 지대, 아니면 유명한 '관광지'로 가고 싶어 한다. 정부와 대학교의 과학자들은 때로는 경제적인 관심이나 책임감을 가지고 있기도 하며, 그들 중 일부는 농장이나 벌목 중인 숲이나 개울이나 '야생'이 아닌 강으로 모험을 떠나기도 한다. 그렇다고 해서 그들이 그런 장소에 대해 특별히 개인적으로 장기적인 관심을 가진 것처럼 보이지도 않을 뿐더러, 반복해서 장기간에 걸쳐 찾아가지도 않으며, 그런 장소와 경제적으로 혹은 휴식을 위한 관계를 유지하지도 않는다. 그런 과학자들이 '에이커 당 눈의 비율'에 미치는 영향은 산업형 농사를 짓는 농부가 미치는 영향보다 적다.

내 고향 켄터키 주에서 만난 수많은 환경보존주의자들 중에서 가장 믿음직한 목격자가 바스 존슨Barth Johnson이라는 점은 당연하다. 물론 이 점은 중요한 뜻을 지녔다. 존슨은 퇴직한 금렵구 관리인으로, 덫과 엽총을 모두 쓰는 아주 헌신적인 사냥꾼이며 어부로서 평생 그 일을 해 왔다. 존슨은 일생을 환경 보존에 바쳤다. 다른 환경보존주의자들처럼 존슨도 문젯거리나 어려움에 대해 잘 안다. 그러나 남들과 달리 존슨은 실제 시골 지역에서 벌어지는, 지켜야 할 것들에 대해 아주 예민하다. 이는 존슨이 경제와 기쁨의 끈으로, 이웃한 밭과 숲과 강에 동시에 연결되어 있기 때문이다. 해가 갈수록 그러한 유대가 더 깊게 이어지기 때문에 존슨은 그 장소들에 대해 점점 더 잘 알게 된다. 사실상 존슨은 시골 지역의 건강, 가장 좋은 말로 하자면 생산성에 대해 일 년 내내 관심을 가지고 있다. 게다가 존슨은 리킹 강의 하구에 있는 같은 장소에서 30년 동안이나 살았다. 이 사실은 존슨의 지식이 지닌 가치를 엄청나게 키워 놓았다. 왜냐하면 **시간에 따르는** 변화에 대해 말할 수 있기 때문이다. 이런 사람들은 시골이란 곳이 좋은 쪽이든 나쁜 쪽이든 변한다는 사실을 알고 있고, 그 변화를 당연하게 받아들이는 가운데 주의를 기울여 한 자리에서 꼼짝도 하지 않고 지켜본다.

생태적인 원칙을 이해하는 데 있어 존슨은 절대 시대에 뒤떨어지지 않으며, 오히려 어떤 의미에서 시대를 앞서간다고 할 수도 있다. 존슨은 옛날 방식의 희귀한 진짜배기 시골 사람이기도 하다. 작가들과는 달리 최고의 **이야기꾼들**은 상당한 시간을 야외에서 보내는 사람들이다. 존슨도 할 이야기가 참 많다. 대부분은 즐겁고 재미있는 이야기지만, 그 가운데 일부는 '보고서'로 분류해도 될 정도다.

언젠가 존슨이 해리스 개울에 대한 이야기를 해 준 적이 있다. 존슨은 그 개울을 따라 몇 년 동안 통발을 놓고 다녔다고 한다. 어획량이 굉장히 풍부해서 너무 많이 잡지 않으려고 조심해야 할 정도였다고 했다. 그런데 2007년 늘 그랬듯이 자신만만하게 통발을 들고 해리스 개울로 갔더니 강이 죽어 있더라는 것이었다. 살아 있는 피라미 한 마리, 가재 한 마리 볼 수 없었다. 생물의 흔적이 전혀 없었다. 그해 봄, 알팔파 씨를 뿌리기 위해 개울을 따라가며 제초제를 뿌렸는데, 존슨이 생각할 수 있는 유일한 원인은 그것이었다. 2008년에도 그 개울은 여전히 죽어 있는 상태였다. 2009년이 되자 '아주 조그마한 활동'이 보였다. 마침내 2013년, 개울은 '정상으로 돌아왔다.'

나는 존슨에게서 검은버드나무가 리킹 강에서도 사라졌다는 사실을 전해 들었는데, 보스턴이라는 작은 마을 위로 4킬로미터 정도 상류까지 그렇다고 했다. 그리고 2013년 10월에 존슨은 내게 편지를 보냈다. 리킹 강의 색깔이 '소금물' 같은 갈색으로 변했다고, 그런 색은 처음 본다고 말이다.

도대체 버드나무에 무슨 일이 일어났단 말인가? 노던켄터키 대학교의 두 젊은 생물학자가 현재 이 문제를 놓고 연구 중이다.

이 생물학자들이 답을 찾을지도 모른다. 그러나 원인이 무엇인지 절대로 찾지 못할 거라고 말하는 과학자들도 있다. 강에는 엄청난 양의 물이 흐르고 있고, 그 속에서 특정 결과를 낳은 특정한 원인을 찾기란 아주 어려울 것이기 때문이다. 어쩌면 영원히 불가능한 일일지도 모른다.

무엇이 해리스 개울을 죽였나? 존슨이 가지고 있는 증거는 '독성 물질'이다. 과학적으로 입증할 증거는 없지만 말이다. 제초제 글리포세이트와 그걸 본뜬 '저질 제품들'이 일부 미시시피 강 지류들에 고농도로 존재하고 있다고 입증한 과학 논문을 읽은 적이 있다. 그러나 논문에서는 그 물질들이 어떤 영향을 미칠지에 대해서는 아무 말이 없었다. 나는 수질에 대해 연구하는 과학자들에게 전화를 해 보았다. 그중에는 앞에 말한 논문 중 한 편의 저자도 있었다.

"그래서 무슨 **영향**이 초래된단 말이오?"

"좋은 질문입니다. 답을 아는 사람은 없습니다."

내가 보니 연구와 연구자들이 여기저기 흩어져 있어서 전체 연구가 앞뒤가 맞지 않는 것 같았다. 그뿐만 아니라 특정 결과에 특정 원인을 맞추기가 어렵다는 점도 늘 문제다. 아주 친절하고 기꺼이 도움을 주려는 이 두 과학자들에게 나는 존슨의 해리스 개울 이야기를 해 주었다.

"이 이야기 놀랍지 않소?"

한 사람은 놀랍지 않다고 했다. 다른 한 사람은 그런 일이 일어날 수 있지만 제초제로 개울이 죽어 버릴 것 같지는 않다고 했다. 혹시 살충제도 들어간 걸까?

리킹 강의 이상한 탈색 현상은 왜 생긴 걸까? 강에 물이 많아지면서 물속 진흙이 가려지기 전까지는 이런 탈색 현상이 눈에 잘 띈다. 다시 이런 일이 생긴다면 강의 상류까지 이 이상한 색깔이 퍼져 올라갈 수도 있다는 얘기다.* 누가 일부러 그런 것일까? 나도 모른다. 혹시 정부 기관의 어떤 과학자가 경작지나 그럴 법한 강의 수원에서 화학물질이 흘러나오는지 감시하고 있지는 않을까? 그런 질문도 해 보았지만 물어본 그 누구도 대답하지 못했다.

대답을 찾던 중에 나는 내가 현대의 특징이라 할 실수를 저지르고 있는 것은 아닌가 싶어졌다. 전문가에게만 의지하는 것 말이다. 전문가에게 의존하는 것이 바로 현대의 실패다. 전문가도 때로는 모를 때가 있고 전혀 모를 때도 있다. 고등교육의 수혜자들은, 나도 그중 하나지만, 자격증에 지나친 신뢰를 보낼 때가 있다.

이제 내 관심은 답을 찾으려는 시도에서 어쩔 수 없이 방향

---

* 2014년 7월 현재, 아직 이 현상은 재발하지 않았다. 원주

을 바꾸어야 했다. 나는 내가 왜 답을 찾지 못했는지, 왜 답이 있을 거라고 생각했는지, 그 뜻부터 알아보기로 했다. 그래서 나는 내가 실제로 알고 있는 것으로 되돌아가 다시 시작해 보기로 했다.

내가 분명히 아는 사실은 이거다. 강물 속에 흘러든 독성 화학물질 때문에 버드나무가 죽었을 거라는 사실 말이다. 버드나무의 죽음은 산업에 이로운 어떤 화학물질을 개발하는 데 과학적으로 성공한 결과일 수도 있다. 그러나 결국 수질오염이라는 부작용을 낳았다. 이것은 화학물질이 '사고로' 강을 오염시켰음을 과학이 알아차리지 못한, 또는 관심을 기울이거나 눈치 채지 못한 결과이기도 하다.

산업화된 과학은 시골 지역과 그 수로들을 눈에 띌 정도로 심각하게, 한눈에 알 수 있을 만큼 크게 손상시키고 있다. 과학적으로는 성공했을지 모르나, 그 부작용을 알아채지도 못한 실패 때문에 독성 화학물질이 새나가고 있다. 현재의 과학은 그 결과를 알지도 못한다. 그러니 치유할 희망 또한 없다. 이런 상황은 과학자가 아닌 사람들로서는 어찌 해 볼 능력을 넘어서는 일이다. 만일 단일 작물 경작지나 노천 탄광이나 산업 단지 등에서 독성 화학물질이 새나오는 것을 효과적으로 감시할 사람이 있다면 그들은 바로 과학자들이다. 그 일이야말로 바로 과학자들의 일이다. 그러나 과학자들이 그런 일을 할 수 있도록 고용할 만한 돈은 어디에도 없다. 게다가 그렇게 넓은 시골 지역의 개울과 강을 제대로 감시할 수 있는 그 많은 과학자들을 어디에서 데려올 수 있겠는가?

공정하게 말하자면 자발적으로 나서서 수로를 감시하겠다고 할 아마추어들도 상당히 많고, 이들 중 일부는 오염 물질의 존재를 검사하는 데도 아주 유능하다. 그러나 효과적으로 감시하기 위해서는 반드시 장기간에 걸쳐 연속적이고 지속적으로 조사해야 한다. 그런 것이 지금껏 이루어졌는지 앞으로도 가능할지 확신하지 못하겠다. 문제는 사람들의 '이동성'인데, 바로 그 이동성 때문에 사람들이 한 장소에 정신을 집중하지 못하는 것이 분명하다.

20세기 중엽에는 '에이커 당 눈의 비율'을 보존할 가능성을 쉽사리 확보할 수 있었다. 사람들은 한 장소에 머물러 살았으며, 그런 삶의 방식을 유지했다. 대부분 경작을 하고, 교육을 하고, 경제, 즐거움, 애정, 장기간의 기억이라는 유대 관계를 맺은 상태로 경제적인 시골 풍경에 기대 사는 사람들이 일반적이었다. 문화적 수단도 있었고, 반드시 해야 하는 좋은 돌봄도 우리에게는 있었다. 그러나 이제 우리는 그런 것들이 전부 소용없다고 말한다. 아무 가치도 없다고 저주할 뿐 아니라, 산업 개혁과 과학의 책임, 실패해 버린 정부 규제 같은 것으로 그 자리를 메우려 한다. 웨스트버지니아에 사는 30만 명 주민들이 마실 물을 오염시킨 4-메틸사이클로헥산 메타놀(MCHM)* ‘유출’에 대해 『뉴욕타임스』 사설은 이렇게 지적했다.

"이번 사고는 지난 5년 사이 이 지역에서 벌어진 화학물질 관련 사고 가운데 그 규모가 세 번째로 크다. 〈환경보호국〉은 현재 사용 중인 약 8만 5천 종의 화학물질 중에서 겨우 2백 종만 테스트했을 뿐이다."

『뉴욕타임스』는 사설에서 ‘의미 있는 개혁’을 요구했다.** 그런데 도대체 어떤 개혁을 해야 특정 국가 기관이 8만 5천 종이나 되는 화학물질을 분류하고, 무해성을 밝혀내고, 사용해도 좋다고 허락할 수 있다는 말일까?

다른 예를 들어 보겠다. 켄터키 주 정부의 〈수질관리국〉 산하 수질 담당 부서는 지표면을 흐르는 14만 8천 킬로미터의 강을 감시하는 데 생물학자 9명을 고용하고 있다. 킬로미터 당 생물학자의 비율로 따지면 1만 6천 킬로미터 당 1명꼴에 해당한다. 그렇다면 1만 6천 킬로미터 당 가장 적당한 비율은 도대체 몇 명이냐고 물을지 모르겠다. 그렇다면 질문을 바꿔 보자. 16킬로미터나 160킬로미터 당 조금도 놓치지 않는 성실한 농부나 사

---

* 4-methylcyclohexane methanol. 2014년 1월 10일 웨스트버지니아 주 엘크 강에 유출된 화학물질. 이 물질은 광산의 기계를 세척하는 데 사용되는 것으로 알려졌다. 이 사고로 강 주변 9개 카운티의 주민 약 30만 명이 피해를 입었다.
** 『뉴욕타임스』, 2014년 1월 17일, A20면. 원주

냥꾼 한 명의 가치와 비교할 때 1만 6천 킬로미터 당 생물학자한 명의 가치는 얼마인가, 라고 말이다. 이들은 문제나 의문이 있을 경우 기관에 소속된 전문가인 생물학자의 도움을 받을 수 있을 것이다.

특히나 산업형 농업이 대세인 세상을 사는 우리는 과학을 시민 정신, 공동체 정신, 토지 관리로 대체할 것을 요구한다. 과학은 이 모든 것에 실패했다. 현재의 과학은 자신들이 의도하지 않은 결과에 대해서는 모르쇠로 일관한다. 현실을 지배하고 있는 것은 과학이기 때문이다. 화학 질소 비료는 옥수수를 키울 목적으로 나왔지만 이것이 미시시피 강과 멕시코 만에 뿌려짐으로써 재앙에 가까운 사고를 낳았다. 게다가 이런 종류의 과학은 거기에 돈을 대는 기업에 의해 그 부작용이 끊임없이 숨겨지고 왜곡된다.

───────

산업 경제는 오늘날 적절한 관리가 너무나 부족하고 감시는 거의 없는 경제성 있는 시골 풍경을 상대로, 할 수 있는 것은 제멋대로 다 할 수 있다. 자유방임 과학은 원인도 마음대로 만들고, 그 결과에 대해서는 아무 걱정도 하지 않는다. 자유방임 경제는 바로 그 자유방임 과학 위에 올라타고 있다. 자유방임 경제의 승리는 매우 복잡하다. 일부 기업에만 큰 수익을 주는데다, 소수 전문가들만이 그 지식을 공유하고 있기 때문이다. 그럼에도 토양 같은 제한된 자원에 기대야 하기 때문에 한계를 지닌다. 나쁜 생태적 결과는 훨씬 더 복잡하고 현재 '조절'되고는 있지만, 질병이나 죽음으로 언젠가는 그 한계가 드러날 것이다. 산업버전으로 본 인간의 곤경이 바로 이것이다.

성공만을 기준으로 삼고, 기계적 효율성이나 금전적 이윤 같은 기준 말고 나머지는 모두 무시하는 산업주의의 행위를 그냥 내버려둔 것이 실수임을 인정하는 것, 그것만이 이에 대한 유일하고도 합리적인 반응일 것이다. 산업주의라는 이 위대한 프로젝트는 기술 개혁을 계속하면서 노후하는 인간 노동자 대신 기술을 받아들였다. 오래전부터 존재해 온 선린 관계의 도덕적 요구를 파괴하려 든 산업주의는 첫 단추부터 잘못 꿴 것이다. 오랜 기간 지속된 경제 오류도 아주 처음에는 괜찮았을 수 있다. 심지어 생태적이었을지도 모른다. 왜냐하면 산업혁명 초기의 자연 훼손은 비교적 심하지 않았기 때문이다. 그러다 '오지'에서도 천연자원을 장거리 수송할 수 있을 거라는 예측이 무한 공급의 꿈을 꾸게 만들었을 것이다. 덕분에 지난 3백 년 동안 미국은 서부로 '새로운 땅'을 개척해 나갈 수 있었다. 동부 지역에서는 보조금으로 땅을 착취했다. 분명히 옛날보다 더 많은 사람들이 실상을 알게 되었고, 더 많은 사실이 밝혀졌다. 그러나 여전히 아무엇도 모르는 산업주의자들이 더 많다. 천연자원은 절대 마르지 않는다거나, 인간의 적절한 관심이 필요하다는 이야기들은 무시당한다. 천연자원을 마구 낭비해도 괜찮을 거라는 믿음, 개척 시대에나 어울리는 미신 같은 맹신은 여전하다.

사람들은 인간 경제와 자연 생태계가 서로 적응하기 어려울 거라는 가능성, 경제와 생태계가 필연적으로 조화를 이루기 어렵다는 사실을 무시해 왔다. 그것이 바로 인간이 근원적이고도 지속적으로 저질러 온 실수다. 인간 경제는 농경 시작부터 자연 생태계에 위험한 손상을 입혀 왔다. 인간은 절대로 자연 세계의 형태와 기능을 완전히 이해할 수 없다. 그것은 인간 능력 밖의 일이기 때문이다. 산업주의의 발전과 더불어 인간과 자연의 부조화는 점점 더 산업 기술과 자연의 생명체 사이의 모순이나 대항 형태로 드러났다. 그 결과는 늘 자연의 파괴, 생명체와 그 생명체가 살아가는 공간의 파괴로 이어졌다. 이런 난국에 대해 우리는 정직한 걱정과 끊임없는 주의, 적절한 규모로 합리적 대응을 할 수밖에 없다. 어느 하나 말이 되는 것이 없다. 그래도 너무 많은 것을 위험에 빠트리지 않도록 애써야 한다. 생물권이나 그 일부에 대한 영구적인 손상을 절대 용인해서는 안 된다. 토양 침식과 독성 물질 오염도 오래 견딜 수 있는 것이 아니므로 절대 용인해서는 안 된다.

현실을 더 나아지게 하려면 이전의 실수를 실수라고 인정하는 것부터 시작해야 한다. 더는 '창조적인 파괴'니, '미래의 더 나은 선'을 위한 현재의 '희생'이라느니, 같은 말장난을 해서는 안 된다. 우리는 지나치게 관대한 산업 기준에 반박해야 하고, 그 기준을 생태적 건강의 포괄적 기준으로 바꾸어야 한다. 새로운 기준에는 사람들 사이, 그리고 자연계의 다른 생명체 사이에 인간적인 선린 관계의 의무감을 포함시켜야 한다. 이것은 인간이 자연을 이용하려 할 때는 자연의 어떤 장소에서든 기꺼이 배우려는 자세를 가져야 한다는 뜻이다. 자연의 한계, 자연의 요구를 먼저 염두에 두고 이용해야 한다는 뜻이다. 한마디로 농업과 임업은 결국 자연 생태에 순응하는 형태여야 한다는 얘기다. 물론 광업은 농업이나 임업과 달리, 그 용어에서부터 자연일 수 없는 영역이다. 자연의 과정에 비유할 수도 없다. 광업은 그 방식이나 목적을 볼 때 자연을 소진하기 때문이다. 땅속에 있는 자연에서 부를 끄집어내 스스로 재생할 수 없게 하고, 거대한 땅 표면을 파괴하는 형태의 광업을 더 이상은 허용해선 안 된다. 인간의 경제는 그 능력이 닿는 한 자연 공동체와 인간 공동체 모두의 좋은 이웃으로 작동해야만 한다. 결국 자연이 건강해야 인간이 건강할 것이고, 또한 인간이 건강해야 자연이 건강할 것이기 때문이다.

산업주의의 역사는 끝없이 대안을 찾는 과정이었다. 산업주의는 그 시작부터 계속해서 두 가지 대안을 보여 왔다. 하나는 중력, 태양, 바람, 음식이라는 차가운 에너지를 위해 더 뜨거운 연료에서 가장 뜨거운 연료로 옮겨 오는 것이었다. 또 하나는 인간의 일, 돌봄을 위한 '교양 있는' 기술을 위한 대안이었다.

화석연료와 핵연료 사용의 부작용은 너무나 악명이 높아서 여기서 따로 언급할 필요가 없을 것이다. 이 연료를 추출하기 위해 생물권에 입히는 손상은 차츰 커지고 돌이킬 수 없으며, 이 상황은 인간 공동체와 노동자에게도 마찬가지다. 화석연료와 핵연료 사용은 땅과 대기에 엄청난 규모의 독성 물질을 내뿜어서 인간 지성으로는 어떻게 해야 할지 모를 정도다. 아직 인간은 위험 물질을 영구히 안전하게 처리할 방법을 모른다. 불가능한 '폐기 가능성'이라는 희극은 산업주의 역사에서 큰 과제였다.

인간의 '폐기 가능성' 또한 중대한 주제였다. 다만 이것은 희극이 아니다. 이것은 '창조적인 파괴'의 또 다른 버전으로서, 냉담함과 비통함을 주제로 삼는 이야기다. 이 주제는 또한 태초부터 영원히 되풀이되고 있는 것이다. 사람과 공동체에 대한 영구적 손상을 불러올 뿐, 목적도 없고 이론적 방향도 없다. 요사이 '러다이트'는 경멸적인 용어로 쓰지만 때로는 스스로를 동정심이 있고 인간적이라고 생각하는 사람들이 진보적인 뜻으로 사용하기도 한다. 이 말은 우리보다 좀 더 운이 좋은 이들의 미래를 위해 스스로 낙후된 현실을 받아들이고, 직장을 잃거나 쫓겨나는 현실에 굴복해야 한다는 뜻이다. 당연하게 따라오는 가난에 대해서도 말이다. 우리는 곧잘 이런 이야기를 계층 이동이나 계급 상승, 재교육에 대한 이야기와 마구 뒤섞어 버린다. 그러나 결국 이는 자원 추출, 운송, 화석연료와 핵연료 이용을 '안전'과 연관시키려는 것만큼이나 잘못된 시도다. 우리는 사람들의 지식, 지성, 기술이 사람들의 마음이 만들어진 바로 그 장소에서 의미가 있다는 사실을 무시한다. 그런 자산은 집을 떠나는 순간 가치를 잃게 될 거란 사실도 습관적으로 무시한다. 또 일하는 사람들을 그 장소에 머물게 하면서 그들의 노동조건과 삶을 개선하는 기술을 적극적으로 활용하는 것도 무시했다. 가령 탄광 회사는 석탄을 캐내는 속도를 올리고 원가를 절감하는 신기술은 적극 도입하면서, 노동자의 건강과 안정에 유용한 기술은 잘 쓰려 하지 않거나 너무 늦게 들여온다.

노동의 질이 낮아지면서 노동자를 기계로 대체하는 일이 가능해지자 상황이 점점 더 심각해졌다. 우리는 노동 절약과 좋은 노동이 양립하는 데는 한계가 있다는 것을 무시했다. 그리고 우리는 '소명'이나 '부름'이라고 하는, 직업에 대한 다소 질적인 생각을 '일자리'라고 하는 단순한 양적인 정수로 치환함으로써 거의 대부분 직종의 질을 저하시켜 버렸다. 오늘날 교육의 목표는 모든 사람들이 '일자리'를 구할 수 있게 하는 것일 뿐이다. 정치의 최우선 기능은 '일자리 창출'이다. 자기들이 좋아하고 즐기고 자부심을 가지고 수행했던 일을 빼앗긴 사람들은 그들이 입은 손실을 이런저런 형태의 '복지'나 '또 다른 일자리'에서 보상받는다고 생각한다.

소명을 떠올리면 기여, 기술, 자부심, 기쁨, 수단이나 재료에 대한 훌륭한 관리 같은 생각들이 자동으로 떠오른다. 이 지점에서 우리는 경제적 가치 중 무형의 가치들로 되돌아간다. 이것들을 빼 버리면 남는 것이 '일자리'이며, 이는 일이란 항상 피하는 게 좋은 어떤 것이라는 의미가 된다. 그래서 "만세, 금요일이다!"*인 것이다. '일자리'는 나쁜 일과 상당히 비슷하며, 사람은 고작 기계와 비슷하게 해낼 뿐이거나, 차라리 기계가 사람보다 좀 더 나은 어떤 상태가 되어 버린다. 농장의 규모와 속도가 토지 공동체의 건강을 돌보고 농장의 아름다움에 대한 자부심을 감당할 수 없을 만큼 일단 커져 버리면 우리는 지금처럼 이렇게 원격조종 방식의 농경을 놓고 얘기하게 되는 것이다.

사람을 기계로 대체할 수 있다고 생각한다면, 그 결과가 한시적 기준이나 지나치게 단순한 기준, 혹은 잘못된 기준으로 오작동될 수도 있음을 알아야 할 것이다. 또한 어떤 영역은 전혀 대체 불가능하다는 것도 알아야 한다. 다시 말해 '서비스 경제'는 전화 응답 로봇들이 직원으로 일하는 상황에서는 즉각 오류가 발생한다. 미국 우편 '서비스'가 컴퓨터로 대체되고 로봇을 앞세

* Thank God It's Friday.

우게 되자 서비스를 개선하기는커녕 우편물을 제 시간에 우송하거나 배달하는 일, 또는 그렇게 하는 능력 자체에 심각한 문제가 생겼다. 인간을 대체하려는 시도 어딘가에는 인간 대신 기계를 세우고 넘어서 보려던 자연 세계, 그 자연이 한계지웠던 세계, 산업적으로 고갈된 세계가 갇혀 있는 모습을 보게 될 것이다. 우리는 그 갇힌 세계와 운명을 함께할 것이다. 전문가의 얘기를 더 들을 필요도 없다. 우리의 육체가 그러하듯이, 지혈에 실패한 채 계속해서 독을 삼키면 이 세계는 살아남지 못할 것이다.

산업적 기준이 아니라 생태적 건강을 기준으로 삼는다면 실패하지 않게 될 것이다. 물론 그렇다고 산업주의의 역사와 유산을 해결해 주지는 않을 것이다. 우리에게는 아무것도 적히지 않은 깨끗한 석판이나 새 출발을 할 수 있는 특권은 없다. 기준을 바꾸면 분명 생활방식과 일의 방식도 바꿔야 할 것이다. 스스로 선택했다기보다 타의에 의한 변화이기는 해도, 지금까지처럼 빠르고 다양한 기술 혁명을 볼 수는 없게 될 것이다. 서두르기보다 참을 것을 요구할 것이다. (우리는 어쩌면 몇 가지 산업이 가져다 준 이로움은 해를 끼치지 않고 유지할지도 모른다. 겨울의 따뜻한 목욕이나 고통 없는 치과 치료 같은 것 말이다.)

깨끗한 석판에 다시 쓸 수는 없다 해도, 새로 배울 수는 있다. 앞선 예를 참고할 수도 있다. 지금의 나쁜 결과만 두고 본다면 인간은 원래 탐욕스러운 본능을 지녔다는 결론에 다다르기 쉽다. 그러나 모든 인간이, 모든 인간 공동체가 그렇지는 않았다. 또 어떤 사람들이 자기들은 할 수 있는 것이 아무것도 없다며, 자신들의 본성이나 상황은 더 나아질 가능성이 조금도 없다고 무기력하게 얘기할지도 모르겠다. 그래서 우리가 좀 더 상황을 개선할 수 있도록 해 줄 당장의 몇 가지 목록을 들면서 이제 이 글을 마치려고 한다. 물론 이 목록은 어디까지나 목록일 뿐, 정답은 아니다. 인간에게 길이 있다는 것을 보여 주고 싶은 나의 의무감에서 비롯된 목록이다. 관심만 있다면 이것 말고도 수많은 다른 방법을 찾을 수 있을 것이다.

1. 가장 시급하고도 근본적인 것은 자연 자체의 토지 관리 방식을 찾는 것이다. 인간 공동체보다 토종 생태계를 우선하고, 산업 경제보다 인간을 우선할 수 있는 방식 말이다. 이런 방식은 앨버트 하워드Albert Howard, 알도 레오폴드부터 시작하여 20세기 중엽의 여러 연구자들에서 오늘날 캔자스에 있는 〈랜드 인스티튜트Land Institute〉의 웨스 잭슨과 그 동료들에 이르기까지 여러 농학자들이 주의 깊게 연구해 왔다. 토종 숲과 평원에서 훈련받은 생태학자들이 가장 절실히 요구하는 것은 자신들의 지식을 경제성 있는 시골 풍경에 적용하는 것이다. 우리 인간은 지식이 한정되어 있기 때문에 어떤 장소의 본질을 절대 완벽하게 이

해하지 못하며 한 지역의 생태계에 결코 지역 경제를 완벽하게 적응시키지 못한다. 따라서 한 지역을 이용하기 위한 올바른 방법과 올바른 '모델'이 있다면 바로 그 지역 자연에서 나온다.

2. 우리는 프랭클린 히람 킹F. H. King의 『4천 년의 농부Farmers of Forty Centuries』(1911)와 반다나 쉬바가 현재 진행 중인 프로젝트를 통해 전 세계의 어떤 농부들이, 오래 인내하는 전통 농업을 어떻게 지켜왔는지를 확인할 수 있다. 이들 작품은 장소의 본질을 존중하는 마음과 깊이 있는 관찰에서 나왔다. 자연스러운 과정, 자연과 조화로운 농업 방식을 보여 주고 있다.

3. 우리에게는 토머스 제퍼슨의 위대한 원칙이 있다. "작은 토지를 가진 자가 나라에 있어 가장 중요한 요소다."* 나라와 나라의 경제가 그 토지에 기대고 있음을 이해한다면, 그 토지의 작은 장소가 무수히 많고 다양하고 하나같이 독특하고 취약하며 인간의 돌봄에 기대고 있음을 이해한다면, 우리는 제퍼슨 법칙의 진실을 의심할 수 없을 것이다.

4. 온 나라에 흩어져 있고, 아미쉬 공동체에 일부 모여 있기는

---

* 토머스 제퍼슨, *Writings* (New York: Library of America, 1984), 842. 원주

하지만 좋은 사례를 세우고 더 나은 노력을 하고 있는 농부와 임업인들은 여전히 살아 있다. 어려웠던 시절, 농장을 스스로 관리할 수 있는 규모로 줄이고 혼자 챙기면서 빚 지지 않거나 줄이면서 새 장비 구입을 제한하거나 아예 사지 않고 최대한 자급자족하던 농부들이 있었다. 그 농부들은 웬만하면 쓰기보다 아끼면서 살아남았고, 심지어 번성하기까지 했다. 그런 농부들에 대한 기억을 간직한 시골이 많다는 것은 비밀도 아니다.

5. 지난 20~30년 동안 로컬 푸드 경제를 시작으로 하여 지역 경제를 살리려는 국내외 운동이 펼쳐진 바 있다. 언론 매체들은 이 운동을 거의 알아차리지도 못하고 제대로 이해하지도 못했으며, 주 정부나 수도인 워싱턴에서는 거의 무시했다. 그러나 일부 도시와 지방자치단체는 이 운동을 알아보고 그 중요성을 이해했다. 예를 들어 로컬 푸드 운동은 이제 켄터키 주 루이즈빌의 경제 개발 계획의 중요한 일부로 자리를 잡았다. 지역의 수요와 공급을 동시에 존재하게 하고 시장 요구에 맞추는 것은 분명 어렵고 복잡하고 오랜 시간이 걸리는 일이다. 그러나 그 일은 이미 시작되었고(이미 여러 지역의 여러 사례가 있다), 비록 앞으로 갈 길은 훨씬 더 멀지만 지난 몇 년간 전혀 길이 없었던 것에 비하면 상당한 진전이라고 할 수 있다. 이 프로젝트는 도시 주변은 물론이고 도시 **안의** 음식 생산도 포함하며, 텃밭지기들과 소비

자들 사이에 필수적인 도시 농업을 가꿔 나가고 있다.

6. 우리의 유기농과 유기 정원 가꾸기의 역사는 꽤 오래되었다. '유기'라는 말은 '유기' 방식 그대로 해야 그렇게 부를 자격이 생긴다. 유기라는 말은 화학물질을 쓰지 **않는다**는 식으로 너무 부정적으로만 규정된 예가 많고, 또 너무 느슨하게 규정되어 쓰이기도 하지만 언제나 건강의 기준으로 쓰이고 있다. 예전처럼 괴짜 같다는 의미로 쓰이던 허물은 벗어 던진 것 같다.

7. '50년 영농 법안'(9장 참조)을 내놓은 지 6년이 되었다. 이 법안은 특별히 토양 침식, 토양 독성 오염, 다양성 상실, 시골 공동체 파괴의 문제를 다루고 있다. 이 법안은 앞으로 50년 안에 일년생 작물 80퍼센트, 다년생 작물 20퍼센트인 비율을 일년생 작물 20퍼센트, 다년생 작물 80퍼센트로 바꾸자고 제안한다. 이 법안이 현재 농장 정책을 바꾸려고 내놓은 것은 분명하다. 어떤 이들은 이 법안이 절대 통과되지 못할 것이라고 말한다. 그러나 생각해 보라. 코앞의 일만 바라보는 바보들이라면 그렇게 먼 미래를 내다보는 법안을 제안했겠는가.

8. '50년 영농 법안'은 캔자스 주 샐리나 소재 〈랜드 인스티튜트〉가 전국의 농장과 환경 보존 조직들의 동의를 얻어 2009년

에 발의했다. 이 법안을 〈랜드 인스티튜트〉에서 발의를 한 것은 놀라운 일이 아니다. 이 연구소에서는 지난 40여 년 동안 지속 가능한 농업을 연구해 왔고, 그 답이 여러 품종을 다양하게 재배함으로써 농지를 토종의 평원 지대처럼 만드는 데 있다고 결론 내렸기 때문이다. 다년생 곡물 프로젝트는 현재 캔자스에서 시작하여 다른 주와 다른 나라로 퍼져 가고 있다. 반드시 섞어 심어야 하는 다년생 곡물 중 첫 번째에 해당하는 토착화된 매개 작물인 개밀wheatgrass은 이미 잘 개발되어서 8년에서 10년 뒤면 농부들에게 분배될 것이다. 아직 할 일이 많이 남았지만 이미 그것만으로도 상당한 성취다. 〈랜드 인스티튜트〉는 그 존재 자체만으로도 이미 대단하고, 꼭 필요한 자원이 되었다. 연구소는 지역의 생태계와 인간 공동체가 조화를 이룰 수 있는 길을 찾는 로컬 과학의 정수를 보여 준다. 특정 지역에서 개발되는 것은 그것이 무엇이든 지역에 적용해 보아야 한다. 다른 지역 사람들은 조심스레 도입할 일이다. 이런 과학은 지역의 자연과 인간을 모두 존중하면서 연구된다. 게다가 그 결과 유독 물질이나 폭발물이 생기거나 하지도 않는다.

9. 나는 경제학자도 아니고, 회계사도 아니다. 그러니 다만 추측할 수 있을 뿐이다. 우리가 그저 좀 더 포괄적이고 좀 더 정직해지기만 하면 오늘날 경제와 회계 시스템을 큰 규모로, 그리고

쓸 만하게 개선할 수 있을 것이다. 정부의 고문을 맡고 영향을 미치는 저명한 경제학자들이 경제가 자연에 토대를 두고 있다는 사실이나 토지의 이용과 생산에 거의 관심을 두지 않는 것에 깜짝 놀란 적이 있다. 땅과 그 땅에 기대 살아가는 사람들을 착취해 흥청망청 번성할 수 있을 거라는 착각에 빠져 있는 듯하다. 물론 나는 진정 경제적 가치를 지닌 것들은 양으로 환원되거나 수로 셀 수 없다고 주장했던 것을 기억한다. 그러나 셀 수 있는 것들에 대해서는 완전하고 공정한 셈이 있어야 한다. 무수한 수질오염의 비용도 정할 수 있으며, 그런 비용은 수질을 오염한 회사와 그 회사의 제품을 사는 이들에게 물리면 된다. 우리는 총소득의 '성장'에 대해서는 점차 관심을 줄여야 하고, 진짜 비용이나 순이익을 빼는 데는 점차 관심을 늘려 가야 한다.

10. 마지막이자 가장 중요한 것은 바로 이것이다. 예로부터 전해져 온 아주 오래된 유산, 선린 관계의 사랑과 일이라는 문화 전통 말이다. 이것은 산업적 도구와 무기에 의해 거의 상상할 수 없었던 고통이 모든 생명체에 부과되면서 점점 더 중요해졌다. 하나밖에 없는 이 지구에서 인류가 계속 번성하겠다는 희망을 가지려면, 우리는 이웃과 동료 시민들에게 선린 관계의 행동을 기대할 수밖에 없다. 마찬가지로 우리는 과학과 산업과 기업에게도 똑같이 선린 관계의 행동을 기대해야만 할 것이다.

9장

50년
영농 법안

2012

1

　내가 사는 켄터키 중북부 고지대는 경사지고 침식이 잘 일어나서 다년생 식물로 일 년 내내 사방공사를 해야 한다. 이 지대가 가장 유용하게 쓰이는 것은 동물 사료 생산지로 기능할 때다. 대부분 땅은 초지거나 풀밭이고 5~10퍼센트는 연중 아무 때나 경작하거나 줄뿌림 식물을 심는다. 이것이 50~60년 전 여기에서 농사를 제일 잘 짓는 농부들이 그나마 하던 일이었다.

2

다른 곳도 그렇지만 이곳의 토지 관리는 제2차 세계대전 이후 농업이 차츰 산업화의 길로 들어서면서 쇠락하였으며, 농사 짓는 사람들도 점점 도시에서 일자리를 구하거나 도시로 나가 버렸다.

3

그런데 최근 거의 아주 갑작스레 〔바이오 연료라는〕 에탄올 생산이 곡물 가격을 폭등시키면서 취약한 고지대가 옥수수와 콩의 습격을 받았다. 내가 기억하는 한 경사진 풀밭으로 된 들판 뿐이던 모든 농장들에 제초제를 뿌려대더니, 한해살이 작물을 심기 시작했다. 왜냐하면 농부들의 수가 급격하게 감소해서 가을에 심는 잔디나 이끼류 같은 바닥 풀로는 겨울에 땅을 보호할 수가 없기 때문이었다.

4

바이오 연료 생산은 전적으로 시장에 의해 결정되는 농업이며 기계와 화학물질의 능력에 따라 제한되는 농업이다. 농업이 장차 완전히 황폐화된다면 그것은 과학이 퇴보하고 지역 농업 문화가 붕괴된 결과다.

<u>5</u>

산업형 농업은 한 가지 문제에 대해 한 가지 해결책만 내놓는 것이 특징이다. 만일 **올해** 땅에서 최대한 돈을 뽑아내고 싶으면 시장 가격이 가장 높은 작물을 키우면 된다. 땅이 무너지든 말든 나무를 뽑아내고 무경운 파종기를 사용하면 된다. 종자 관리를 위해서는 제초제 저항성 종자를 심고 더 많은 제초제를 사용하면 된다.

<u>6</u>

그러나 공식적으로 인정된 산업 기술도 현실을 바꾸지는 않는다. 토양을 지켜 준다는 무경운 농법은 식물이 성장하는 시기에는 한해살이 작물을 지켜 주겠지만, 날씨는 가을이고 겨울이고 초봄이고 계속 변한다. 비도 계속 내리고 눈도 온다. 땅은 얼었다가 녹는다. 죽은 떗장이나 죽은 잡초나 죽어 버린 한해살이 작물은 땅을 덮어 주는 좋은 대책이 못 된다. 이런 식으로 매년 경사지에 무경운 농법을 계속 쓰면, 특히 콩을 경작한 뒤에는 토양이 침식될 것이며, 그것도 점점 더 심해질 것이다. 그것도 이미 제초제와 다른 화학물질에 오염된 토양의 침식이며, 오염 물질은 수로로 이동해 간다. 무경운 농법이나 최소경운* 기술을 사용

---

* minimum-till, 최소의 에너지와 노동력을 투입하여 작물이 자랄 곳만 경운하는 작업.

한다 할지라도 질소 비료의 약 절반이 미시시피 강으로 흘러들어가 결국 멕시코 만의 데드존*으로 흘러들어간다. 따라서 농부들에게는 어마어마한 경제적 손실이, 또 다른 사람들과 우리의 하나뿐인 지구에는 더 어마어마한 생태적 손실이 될 것이다.

7

오직 하나의 해결책만 제시하는 산업주의자들은 한 나라, 한 지역, 한 농장의 농업 구조가 단편적이고 이질적인 각 부분을 모으면 하나로 묶을 수 있다고 가정한다. 특정 농장이 반드시 다른 농장이나 지역 생태계에 적응할 필요는 없다고, 결국은 시장 분배에 의해 일관되고 합리적이며 지속 가능한 유형이 되어야 한다고 말한다. 더 생각해 볼 것도 없이 이것은 말도 안 되는 소리다.

8

좋은 농장이나 지속 가능한 농장은 이런 식으로는 만들어질 수 없다. 지속 가능한 농장은 지역의 숲이나 평원의 생태계에 질서를 부여하고 지속시키는 자연법에 순응해야 한다. 그 안에서

* dead zone, 바다나 강 등에서 질산염 때문에 산소가 부족하여 수중 생물체가 살 수 없는 지역.

만 일관되고 지속되는 농장이어야 한다. 심지어 농장의 산업적인 부분들조차 그렇다. 이것은 선택 사항이 아니다. 이것은 필수 사항이다. 바로 이 점을 무시함으로써 우리는 끝없는 낭비와 오염이라는 분수령을 넘어 버리고, 깊이 있는 성찰의 문화를 포기하고, 멸종이라는 선을 넘어서 버렸다.

9

이러한 무질서를 바로잡기 위해서 우리는 산업 체계와 자연 체계, 기계와 생명이 근본적으로 양립 불가능하다는 것을 인정하는 것에서부터 출발해야 한다. 인간적인 면으로도, 그리고 자연의 면으로도 그것이 먼저다.

10

이러한 인식은 새로운 것은 아니다. 러셀 스미스, 앨버트 하워드, 알도 레오폴드 같은 저명한 이들이 이 문제를 면밀히 연구하였고 문제점을 명확히 밝혔다. 이들의 저작물은 이미 시중에 나와 있었으나 20세기 중엽, 농업의 산업화가 전면에 나섰던 시절에는 거의 무시를 당했다.

11

지금까지 나는 관례적이고 단순한, 농업 회계 연도를 기준으로 한 영농법이 아니라, 이치에도 맞고 농업에도 적합한 '5년 영농 법안' 같은 법이 필요하다고 주장해 왔다. 내가 주장하는 '생태'는 그것이 없다면 농업도 의미가 없다는 뜻이다. '생태'가 없다면 농업도 지속될 수 없다.

12

2009년 이후 시중에 알려진 50년 영농 법안은 캔자스 주 살리나에 있는 〈랜드 인스티튜트〉가 여러 조직과 사람들의 동의를 얻어 발의한 법안이다. 이 법안은 오늘날 농업에서 가장 긴박한 문제를 주도적으로 언급하고 있다. 토양 침식, 토양과 강물의 독성 물질 오염, 생물 다양성 상실, 농장 공동체와 문화의 파괴 같은 문제들 말이다. 이 법안은 자연의 최우선 법을 소환함으로써 이들 문제를 건드리고 있는데, 그 최우선 법을 이행하지 않으면 자연의 다른 법도 아무 소용이 없다. 즉 표토가 덮이도록, 무엇보다도 다년생 식물로 표토가 덮이도록 하라는 법이 바로 그것이다.

13

현재 경작 가능한 땅의 80퍼센트가 일년생 작물로 덮여 있으며, 겨우 20퍼센트만이 다년생 식물을 경작하고 있다. 이런 현상은 건강한 생태계의 기준으로 볼 때 말도 안 되는 비율이다. 한

해살이 식물은 자연의 응급 의학 서비스로, 상처와 흉터를 덮어 다년생 초목이 자리 잡을 때까지 땅을 잡아 주는 역할을 할 뿐이다. 이러한 법칙에 따르면 일년생 작물에 80퍼센트의 땅을 내주고 있는 오늘날의 농업은 늘 위급 상태인 셈이다.

14

그러나 자기 인생을 무한정 위급 상태로 내버려둘 수 없듯이 자연경관을 위급 상태로 계속 놔두어서도 안 된다. 자기 삶을 살고, 자기 집에 살려면 계속해서 걱정해야 한다. 상실감에 젖은 채 슬퍼하는 것이 아니라 정착해 살 수 있게 해야 한다. '50년 영농 법안'은 50년에 걸친 영농 계획안을 제안한다. 이는 현재 80퍼센트에 달하는 일년생 작물과 20퍼센트에 불과한 다년생 작물 비율을 정확하게 뒤집자는 법안이다. 일년생 작물 비율을 20퍼센트로, 다년생 작물 비율을 80퍼센트로 만들자는 얘기다. 여기서 다년생 작물은 동물 사료와 곡물이라는 것을 잠깐 덧붙이겠다. 현재는 그 누구도 다년생 식탁 채소를 키우고 가꾸는 가능성에 대해서는 말을 하지 않는다.

15

다년생 작물과 일년생 작물의 비율을 바꾸고, 연간 경작 비율도 경작 가능한 농장의 5분의 1로 줄이고, 연중 어느 때든 가장 덜 취약한 땅만 경작하게 함으로써 토양 침식은 극적으로 줄일 수 있다. 화학물질 오염도 상당히 줄일 수 있을 것이다. 왜냐하면 대부분 목초지나 건초지에서 이미 그렇게 하고 있듯이, 콩과식물과 풀을 같이 섞어 키우는 다년생 작물들은 일년생 단일 작물보다 자생적이고 화학물질에 덜 의존적이다.

16

이 제안이 가져올 거대한 변화는 아주 작은 규모의 여러 변화도 함께 가져올 것이다. 그러나 어떤 것도 예측하긴 힘들다. 이 짧은 글에서 제대로 논의하기도 어렵다. 분명한 것은 단 한 가지다.

17

지금 우리가 논의하고 있는 다년생 지피식물은 여러 종류가 있다. 다년생 목초, 줄뿌림 작물과 교대로 나는 목초, 건초나 사일리지*로 키우는 다년생 작물이 그것이다. 그리고 지난 10년 사이 키우기 시작한 복작** 다년생 곡물이 있는데, 이것은 당시에

---

* silage, 가축의 겨울 먹이로 말리지 않은 채 저장하는 풀.
** polyculture, 같은 시기 한 토지에 두 가지 이상의 곡식이나 채소를 심는 농작법.

는 사료로 쓰일 수 있었고 아마 그래야 했을 것이다.

18

농업에서 다년생 작물의 비중을 높였을 때 나타날 수 있는 가장 중대한 결과 중 하나는 농장에서 키우는 동물들이 우리에서 벗어날 수 있었다는 사실이다. 동물들이 절대로 살아서는 안 되는 비참한 공장 같은 우리에서 말이다. 다년생 작물 재배는 동물들이 원래 살아야 했던 목초지로, 탁 트인 바깥으로 꺼내 주었다.

19

이러한 움직임은 동물들에게 엄청나게 친절한 일이라는 것 말고도 생태적 건강함으로 돌아간다는 뜻도 담고 있다. 이런 움직임은 물로 흘러갔을 때 오염원이 되었을 어마어마한 양의 '가축 배설물'을 비료로 만들어 먹을거리를 기르는 땅으로 돌아갈 수 있도록 길을 바꾼다. 사람들의 배설물 또한 그렇게 적절한 방법으로 처리될 수 있을 것으로 기대한다.

20

먹고살아야 하는 인간들에게 오늘날 가장 필요한 것 중 하나는 인간이 먹는 행위를 '삶의 수레바퀴'로 이해하게 만드는 것이다. 먹는 것을 비옥함을 순환시키는 일로 이해하게 되면 건강한 상태에서 생산된 먹을거리는 땅에서 위장으로, 남은 음식물은 다시 땅을 비옥하게 하는 데 쓰인다는 것을 자연스레 받아들이게 된다. 이 순환 과정을 믿게 되면 인간이 계속해서 무한정 먹는다 해도 상관이 없다. 그 순환이 깨지는 순간 인간은 먹을 수 없게 될 것이다.

21

비옥함의 순환은 탄생, 성장, 성숙, 죽음, 부패를 되풀이하여 통과하는 살아 있는 생물의 전체적인 순환 과정이다. 산업 기술은 **잠깐**은 그 순환을 질러갈 수 있을지 모른다. 그러나 그 지름길 또한 결국은 그 순환의 일부가 될 수밖에 없다. 그러고는 이 순환과 인류를 위험에 처하게 만들고 결국 재앙에 빠트리고 말 것이다.

〈비어드 재단Beard Foundation〉 음식 총회 강연,
뉴욕 시, 2012년 10월 17일~18일

10장

"미래의 이야기"에
대한 답변

- Ⅰ -

2013

지금까지 내가 지켜본 바로는 미래에는 이야기가 없다. 미래
는 과거가 되기 전에는 존재하지 않는다. 예측이란 아주 제한된
범위 안에서만 그 효력이 발생한다. 태양은 지금까지 우리가 예
측한 대로 뜨고 졌다. 그리고 이 세상도 예측한 대로 끝이 나겠
지만 우리가 예측한 그 모든 데드라인들은 다 틀렸다.

역사의 종말이니 소설의 종말이니 기독교, 인류, 세계의 종말이니 하는 것은 거역하기 힘든 주제였다. 끝이 날 것이라고 예측했던 수많은 것들은 지금까지도 여전히 존재한다. 그걸 예측한 사람들조차 그다지 당황한 것 같지 않다. 미래 역시 똑같지 않겠는가. 도대체 높은 학위를 받은 그 많은 사람들이 어떻게 아무도 모르는 주제에 대해 그 많은 책들을 썼단 말인가? 만일 아직 미래의 종말에 대한 책이 없다면 그런 책이 한 권 필요할지도 모르겠다.

미래에 대해 아는 사람은 아무도 없다. 우리가 놀라게 될 것은 너무나 예측 가능하다. 그래서 '그러므로 내일을 걱정하지 마라'*라는 말이 뛰어난 충고인 것이다. 내일에 대해 걱정하는 것은, 너무나 예측 가능하게도, 시간 낭비다.

나는 내가 걱정했던 나쁜 일들 대부분은 절대 일어나지 않았음을 알아차렸다. 그래서 그런 것들이 일어나지 않도록 내가 생각할 수 있는 모든 나쁜 일들에 대해 걱정을 했다. 과학자인 친구들은 그걸 미신이라고 하겠지만 만일 내가 이 모든 재앙들을 미리 막지 않는다면 도대체 누가 그리 하겠는가? 그러나 좋은 의도를 가지고 내일을 위해 걱정을 쏟아 부었다 하더라도, 결국 절대 오지 않을 내일을 위해 엄청난 노력만 허비한 셈이 되었다.

* 「마태복음」6장 34절.

나도 인정한다. 또 내일에 대한 잘못된 기대 때문에 상처받고 낭비한 것들을 메우느라 현재에 자꾸만 부담을 준다. 그러면서 오늘, 지금 이 현실과 맞닥뜨리는 시간을 늦추곤 한다.

당연히 문제가 따라 나온다. 만일 내일에 대해 아무런 생각을 하지 않으면, 어떻게 내일에 대해 **준비**를 할 수 있겠는가?

나는 성경을 해석할 자격이 있는 사람은 아니지만 내일에 대해 걱정하는 것은 시간 낭비라고 생각한다. 왜냐하면 우리가 내일에 대해 제대로 할 수 있는 유일한 일은, 그건 오늘을 제대로 사는 것이기 때문이다.

성경 구절은 계속된다. '내일 걱정은 내일이 할 것이다. 그날 고생은 그날로 충분하다.'* 그날의 고생은 알다시피 과거에서 온 것이다. 그래서 오늘 맨 처음 해야 할 올바른 일은 역사에 대해 걱정하는 일이다. 우리는 어제의 고생이 오늘을 더럽히지 않도록, 할 수 있는 한 막아 내기 위해 역사의 비평가로서 매일같이 행동해야 한다.

오늘 우리가 해야 할 올바른 일 또 한 가지는 그날 자체를 감사하고 그날에 들어 있는 모든 것에 감사하는 일이다. 이 또한 성경의 충고처럼 들리지만, 분별 있고 양식에 맞는 이야기는 언제나 진리인 법이다. 즐길 만한 좋은 것을 즐기지 못하는 것은

* 「마태복음」 6장 34절.

참으로 가난하고 못난 일이다.

오늘날 우리가 반드시 해야 할 또 하나의 올바른 일은 필요한 것과 반대로 예측하는 일이다. 바로 이 지점에서 '예측prediction'과 '대비provision'의 차이가 중대해진다. 예측은 예견하는 것으로, 무슨 일이 일어날지 알고 있다는 뜻이다. 예측은 때때로 전례 없는 사건에 적용되기도 한다. 인간이 야기한 기후변화나 이 세상의 종말 같은 사건이 그 예다. 그래서 예측은 '미래학'이다. '제공하다provide'는 문자 그대로는 '앞을 본다'*는 뜻이지만 일반적으로는 '제공한다'는 뜻으로 쓴다. 오래전부터 우리의 평범하고 일상적인 이해력은 앞을 보는 우리의 능력이 허약하다고 받아들인 것 같다. '대비'와 '제공'의 의미는 과거에서 왔으며, 지난 시간에 의해 지배받는다.

대비는 성 패트릭의 날**이나, 달이 어떤 크기가 된 날이나, 시일이 차서 땅이 준비가 된 날같이 어떤 중대한 날에는 감자를 심는 것이 올바른 일임을 우리에게 알려 준다. 그런데 우리가 그렇게 하지 않는 이유는 풍성한 수확을 예측했기 때문이다. 역사는 그에 반대하여 우리에게 경고한다. 우리가 감자를 심는 이유

* pro (앞) + vide (보다)
** St. Patrick's Day. 영국과 아일랜드에 기독교를 전파한 성 패트릭의 축일로, 3월 17일이다. 아일랜드인의 이주로 오늘날은 미국, 캐나다, 오스트레일리아 등에서도 이 날을 기념하는데, 강에 초록색 물감을 풀고 초록색 의상을 착용하는 것이 특징이다.

는 역사가 기아가 일어날 수 있다고 알려 주기 때문이며, 그런 일이 일어나지 않도록 할 수 있는 일을 해야 하기 때문이다. 우리가 과거로부터 알 수 있는 것은, 만일 우리가 오늘 감자를 심으면 수확은 **풍성하겠지만**, 결과는 가 봐야 아는 일이라는 사실이다. 그래서 우리는 다양한 작물을 수확할 '대비'를 하게 되는 것이다.

대비를 할 때 그 어떤 가치든 낭비하거나 영원히 파괴하는 것은 절대로 해서는 **안 된다**. 역사를 통해 우리는 오늘날 우리가 낭비하거나 파괴한 것이 내일 필요하리라는 것을 알고 있다. 이것은 분명 산업주의자와 산업주의 경제학자들의 '창조적 파괴'를 금지하며, 이들은 내일의 더 위대한 선을 위해 오늘 악을 허용할 수 있다고 생각한다. 토양 침식이나 독극물 오염을 놓고 타협하겠다면 이성적인 논쟁이 있을 수 없다.

나에게 (이 문제에 있어서는 대부분의 사람들이 나와 같다.) '기후 변화'는 믿음의 문제다. 내 경우, 기후의 미래를 예언하는 전문가들을 믿거나 믿지 않거나 둘 중 하나다. 내 경험으로부터, 어릴 적 어른들에 대한 기억으로부터, 어릴 적 살던 집의 풍경으로부터, 독서의 기억으로부터, 지난 150여 년 동안 날씨가 변했고 변하고 있다는 것을 나는 알 수 있다. 아무런 의심 없이 나는 변하는 것이 날씨의 본질임을 안다.

그래서 여러 가지 이유에서 나는 쓰레기나 오염 같은 기후변화의 이러저러한 원인 분석이 틀렸다고 본다. 오늘날 제대로 해야 할 일은 늘 그렇듯이, 이 세상의 좋고 아름다운 것들을 함부로 낭비하고 오염시키는 습관을 멈추거나 멈추기 시작하는 것이다. 그 좋고 아름다운 것들은 한때 '하늘의 선물'이라 불렸고, 지금은 '천연자원'이라고 불리는 것들이다. 나는 항상 전문가들이 틀렸을 수 있다고 생각한다. 그러나 비록 기후변화의 원인이 인간이라는, 전문가의 진단이 틀렸다 하더라도 그런 특정 전문가들을 믿었을 때 우리가 잃을 것은 없고 얻을 것은 많다.

그렇다 해도 우리 인간은 인체 모형이 아니며, 우리 모두가 오늘날 쓰레기와 오염을 멈추거나 멈추기 시작하기가 어려울 것임을 알 수 있다. 그러므로 우리는 우리의 생각을 내일로 보내 보아야 한다. 우리 자신을 '우리가 아는 생명의 끝'에 맡기고 멈춰서거나 변화한 기후에 맞추기 위한 영웅적인 방법과 기술을 고안해 낼 수 있다. 우리는 아닐지라도 기술이 도움을 줄 것이며 그러면 회사들이 우리에게 이윤을 남기고 기술을 팔 것이다.

나는 바로 위 문단을 쓰고 난 뒤 그 내용이 올바른지 보려고 이틀 동안 그대로 두었다. 다시 보니 맞게 쓴 것 같다. 이에 대한 증거로 이 말만 하고자 한다. 기후변화의 주제가 점점 더 널리 알려지고 두려움을 불러일으키는 한편 토지 남용은 더욱 악화되었고 이를 알아차린 사람은 거의 없었다.

경작지에서 끝없이 흘러나오는 독성 물질은 이제 대기와 물로 흘러들어간다. 토지 그 자체가 계속해서 쓸려가거나 날아가고 어느 곳에서는 침식이 점점 심해진다. 곡물 값이 올라가면서 이제 콩과 옥수수는 점점 더 경사지로 밀려가고 있으며, '무경운' 기술은 끝없이 경작되는 곡식밭의 토양 침식을 막지 못한다. 게다가 산업 농업은 화석연료를 태우는 데 전적으로 의지하고 있는데, 이것은 기후변화의 가장 악명 높은 원인으로 추정된다.

기후변화는 최근에 일어난 일이라고 한다. 기후변화는 종말론적인 '빅 뉴스'이며 온갖 자격증을 가진 똑똑한 사람들은 전부 기후변화에 대해 한마디씩 거들고 그에 대해 생각하고 장차 기후변화를 다룰 준비를 하고 있다.

이와 반대로 토지 남용은 최근의 일이기도 하지만 아주 오래된 일이기도 하다. 토지 남용에는 미래학적인 것이 아무것도 없다. 토지 남용은 아주 오래전부터 일어났고, 아직도 일어나고 있으며, 점점 더 심해지고 있다. 그런데 그에 대해 들어 보지 못한 사람이 대부분이다. 토지 남용을 보았으면서도 대부분은 그게 뭔지 모를 것이다.

사용 중인 땅의 보존을 위한 법은 20세기 중엽 앨버트 하워드 경이 제안했다. 앨버트 경은 이것이 자연법이라고 했는데, 그가 옳았다. 이 법은 바로 '50년 영농 법안'의 기초다. '50년 영농 법안'은 지금 시작할 수 있는 일이 무엇인지 설명하고, 기후변화와 관련하여 도움을 준다. 그러니 어떤 식으로든 실행되어야 하는 법안이다. 수많은 환경 보호론자들과 자연림 보호론자들은 기후변화에 대해 걱정하는데, 믿음이 간다. 그러나 그들은 자연법에는 익숙하지 않고, 토지 이용에 대해서는 아무것도 신경도 쓰지 않으며, 앨버트 하워드 경이나 '50년 영농 법안'에 대해서는 들어 본 적도 없다.

– II –
2014

자연의 법을 따르기만 한다면 자연은 경제적 자산이자 도움이 되고 동지가 되어 줄 것이라는 것을 이해한다면, 자연은 바로 지금 우리를 도와줄 것이다. 우리가 자연의 친구가 되기로 결심한다면 미래에 대한 걱정을 덜게 될 것이다. 그러려면 미래에서 현재로 돌아오는 것부터 시작해야 한다. 우리가 지금 살아 있고, 속해 있는 바로 그 현재 말이다. 실제 살고 있는 현실의 장소로 옮겨 오려면, '환경'의 제약에서 벗어나려면, 미래에서 떠나야 한다.

우리 마음을 미래에 둔다면, 즉 기후변화가 환경을 끔찍하게 망쳐 놓을 것이 분명한 그 미래에만 둔다면 우리는 구체적인 것은 아무것도 하지 못할 것이다. 어떤 생각이나 행동도 하지 못한 채 추상적인 것들에만 둘러싸이고 말 것이다. 기후변화 때문에 생길 미래의 환경 파괴라는 문제가, 오직 거대한 해결 방법을 가진 거대한 문제이기만 하다면 어떻겠는가. 우리는 우리가 할 수 있는 어떤 것도 생각해 낼 수 없을 것이고, 어렵고 불가능한 일이라고만 여기게 될 것이다.

만일 올바른 원칙에 따라 정부 정책의 변화가 이루어졌다면 좋았을 것이다. 거대한 문제에 거대한 해결책, 그것이 옳았을지도 모른다. 그런 거대한 해결책은 분명 도움이 된다. 나 역시 그런 해결책을 지지하기 위해 여러 번 행진에 나선 바 있다. 그러나 큰 해결책이 성공하려면 반드시 작은 해결책이 거기에 따라가야 한다. 정책 변화와 원칙 변화가 다른 점이 바로 그것이다. 커다란 정책 변화는 지금의 문제를 해결하려는 것처럼 보이지만, 그저 미래를 시중들고 있을 뿐이다. 지금 현재에는 없는 정책이나 마찬가지다. 그러나 원칙을 바꾸는 일은 우리 중 누구나, 아주 적은 사람들에 의해서도 이루어질 수 있다. 원칙 변화는 실천으로 옮겨진다. 우리 중 누구나의 집에서도 일어날 수 있는 아주 작은 변화다. 작은 원칙의 변화는 특정 장소에서 특정한 삶의 방식에 변화를 가져올 것이고, 수없이 많은 작은 해결책을 가져오게 된다. 그런 작은 해결책들은 미래를 시중들지 않는다. 그런 작은 해결책들은 바로 지금 가능하고, 바로 지금 눈앞에 실재하면서 본보기가 된다. 희망을 준다. 물론 희망은 미래를 위한 것이라는 데 나는 동의한다. 자연은 인간의 삶과 인류의 삶이 미래에도 계속 유지될 것이라는 희망을 품으라고 하는 것 같다. 그렇더라도 우리의 미래는 이런 희망에 대해 어떤 확신도 주지 않는다. 그저 우리 손에 있는 지식, 역사, 좋은 일, 좋은 사례에서 그 답을 찾을 수밖에 없다.

비록 관심을 기울여 그 가치를 알아보는 이들은 줄었지만 사실, 아름답고 유용하며 용기를 주면서 희망을 북돋아 주는 것들은 우리 가까이에도 많다. 우리는 미래가 어떻게 될지를 걱정하고 멸종 목록에 오르게 될 것들을 살피느라 현재의 삶과 행복을 옆으로 제쳐놓곤 했다. 물론 미래는 현재에 영향을 받고, 위협을 받는 것이 사실이다. 그렇더라도 그 미래 때문에 현재를 위협하거나 망가뜨려서는 안 된다. 장례 전문가들은 검은 베일 사이로 올려다보며 외친다.

"오, 오, 오! 우리가 알던 삶은 곧 끝이 날 것입니다. 정부가 우리를 멈추지 않으면 우리는 이 세상을 파멸시킬 것입니다. 이 세상을 구하기 위해 무언가를 해야 할 때가 왔습니다. 세상을 구하기에는 이미 너무 늦었는지도 모릅니다. 오, 오, 오."

우리의 마음이 이런 식으로 괴로워한다면 우리와 우리의 세계는 이미 다 죽어 버린 것이다. 현재는 계속 흘러간다 하더라도, 정작 우리는 거기에 없다. 현실은 우리가 없는 채로 저 혼자 흘러갈 것이며, 그 현재가 과거가 된 순간 우리는 그저 지나간 그림을 보며 즐기는 게 고작일 것이다.

세상을 구한다는 생각만 버리면 세상 속에서 그럭저럭 살아갈 수 있을지도 모른다. 에너지를 덜 쓰는 것이 미래에 조금이라도 좋은 결과를 가져올 수 있다면, 그건 그 생각이 좋은 생각이기 때문이다. 정부는 제2차 세계대전 때처럼 여러 가지 좋은 이유를 들면서 연료 보급을 통제하면서 강제로 절약하게 할 수 있다. 정부가 뭔가 좀 분별 있는 일을 하면 나는 정말로 지금까지보다 훨씬 더 정부를 존중해 줄 것이다. 그러나 정부에게 분별력을 기대하는 것은 사실 분별력을 미래에 맡겨 두려는 것이나 다름없다. 미래에는 분별력이 아무 쓸모없을 것이다. 미래는 파멸의 예언에 묻혀 있을 테니 말이다. 반면 개인은 선택하기만 하면, 지금 당장이라도 에너지를 절약할 수 있다. 배려하는 마음만 있다면 말이다. 덜 쓰고 덜 태우고 덜 여행하면 좀 위안이 될 수 있다. 좀 더 서늘하고 좀 더 느린 삶이 우리를 행복하게 만들어 줄 수 있다. 스스로에게 충실한 자세로 현재에 머문다면 우리는 더 많이 존재할 수 있다. 거대한 문제에는 거대한 해결책이 아니라 수많은 작은 해결책들이 답이다. 정부가 무슨 대책을 내놓더라도 이런 작은 해결책은 꼭 필요하다. 정부는 사람들을 모방함으로써 결국 올바른 일을 할 수도 있다.

이 글과 다른 글들에서 나는 '50년 영농 법안'을 옹호했다. 물론 이 법안은 거대한 해결책이다. 그럼에도 내가 이 법안을 널리 알리려 애쓰는 것은 미래에, 미래를 위해 좋은 법안이어서가 아니다. 내가 이 법안에 찬성하는 것은, 지금을 더 낫게 만들 수 있고, 현재의 요구에 가장 알맞은 것이기 때문이다. 법안의 원칙들이 충분한 수는 아니지만 여러 농부들에 의해 만족스럽게 실천에 옮겨졌기 때문에 그것이 좋다는 것을 나는 안다. 지금 존재하는 선善만이 좋다. 좋은 것은 언제나 현재성을 띠어야 한다. 좋은 일, 좋은 생각, 좋은 행동, 좋은 장소. 현재가 미래의 악몽이 되어서는 안 된다. "하늘나라가 가까이 왔다."* 일단 가까이 오는 일부터 하지 않는다면, 영영 올 수도 없을 것이다.

* 「마태복음」 3장 2절.

감사의 글

나이를 먹어 가면서 모든 책은, 특히 이런 책은 반드시 감사의 말로 끝을 맺어야 한다는 생각을 점점 더 분명히 하게 된다. 혼자서 한 권의 책을 쓰는 작가는 없기 때문이다. 저 혼자 쓰는 작가는 상상할 수 없다. 그건 불가능하다.

아내인 타냐 베리에게 고마움을 표한다. 아내는 내가 하는 일에 너그러이 관심을 보여 주었으며 훌륭한 판단도 내려 주었다. 나보다 더 나을 때가 많았고, 내가 처음 생각했던 것보다 더 나은 생각을 들려줄 때도 많았다. (로열 스탠더드 타자기에도 고마움을 표해야겠다. 58년 동안 묵묵히 버텨 주었을 뿐 아니라 기계가 보증 기간이 끝난 뒤에도 상당히 오래 간다는 증거가 되어 주었다.)

우리 아이들인 메리와 덴에게도 고맙다. 내게 큰 보람을 안겨 주었으며, 내가 생각할 수 있게끔 도와주었으니, 없으면 절대 안 될 도움이었다.

친구이자 형제인 존 베리 주니어, 웨스 잭슨, 진 로그스던도 고맙다. 이들이 생각하는 방식이 이제는 너무나 친숙하고 몸에 배어서, 예전에는 청해서 도움을 받았지만 요즘은 청하지 않아도 그들의 도움을 받을 정도다.

데이비드 찰턴에게 감사한다. 그는 컴퓨터가 할 수 있는 것과 컴퓨터에게 일을 시키는 법을 알 뿐만 아니라 매번 최종이라 주장하던 원고를 놀라운 끈기로 참고 기다려 주었다.

트로이 퍼스, 제이슨 러틀리지, 짐 핀리, 윌리엄, 마틴에게 고마움을 표한다. 이들은 관대하게도 「숲의 대화」 편의 주제를 진정한 '숲의 대화'로 만들어 주었다.

바스 존슨은 강에 대해 걱정하도록 날 도와주었다. 고맙다.

찰리 싱은 농업과 기계에 대한 총회에 초대해 주었다. 고맙다.

로버트 위든에게 감사한다. 여러 가지로 굉장히 귀한 도움을 주었다. 특히 「버려진 시골」을 쓸 때 그랬다.

문학적으로 협업을 한 카운터포인트의 잭 슈메이커에게 고마움을 표한다. 잭 슈메이커와는 우정으로 함께했으며, 그 세월은 40년에 달한다.

교열 담당자이자 독자인 줄리 린에게 고마움을 전한다. 줄리가 내 글에 관심을 쏟았기 때문에 나 역시 내 글에 더욱 관심을 쏟을 수 있었다.

이 책에 실리기 전에 글을 먼저 실었던 다음 잡지들의 편집자들에게 감사한다. 『파밍Farming』, 『프로그레시브The Progressive』, 『크리스찬 센추리The Christian Century』, 『하퍼즈Harper's』, 『애틀랜틱 Atlantic(온라인)』.

옮긴이의 글

"나이 들면 산에 들어가서 살아야지."

이십 대 초반부터 입에 달린 말이었다. 꼭 사는 것이 고달플 때만 꺼내는 말은 아니었다. 그렇다고 텃밭을 가꾼다거나 농사를 짓는 것에 관심이 있었던 것도 아니다. 그저 고요한 환경을 그리워했다. 하지만 그 나이가 몇 살인지, 산이라는 것이 골짜기인지 중턱인지, 지리산인지 계룡산인지 구체적인 것은 없었다. 그런데 이게 웬일인가. 그 막연한 바람이 예상보다 훨씬 일찍 실현되었다. 이럴 줄은 진정 몰랐다.

남의집살이 십수 년 만에 겨우 살 만한 아파트를 구했다. 그 랬는데 몇 년 뒤 층간 소음 문제가 생겼다. 3년을 더 버티다가 이렇게 사느니, 하고 일을 저질러 버렸다. 연고가 전혀 없는 곳의 임야를 매입하고 형질 변경 등의 절차를 거친 뒤 토목 공사, 시공까지 일사천리로 이어졌다. 공사 기간 내내 잘했나 잘못했나 두려움에 떨며 잠을 이루지 못했다. 땅을 처음 '만나고' 나서 입주하기까지 꼭 6개월이 걸렸다. 입주하고 곧 겨울을 맞았고, 네 번째 겨울을 지났다.

오랜 바람대로 내가 터를 잡은 곳은 산지이며, 감과 대추가 주산물인 지역이다. 그래서 처음 집을 지을 때만 해도 기존 마을 사람들과 교류할 일은 별로 없을 줄 알았다. 낯가림이 심해 사실 그게 가장 두렵기도 했다. 그런데 막상 살아 보니, 마을 사람들과 관계를 맺지 않고는 살 수가 없었다. 마을에 길이 하나밖에 없는데, 산 중턱에 외따로 있는 내 집으로 가려면 마을의 모든 집을 거쳐야 하기 때문이었다. 그리고 도시가 아파트로 대표되는 수직적인 관계라면 시골은 수평적인 관계다. 그래서 너나들이가 용이하고 잦다. 자연스럽게 그렇게 된다. 안 보고 살 수 없는 구조다.

게다가 하루하루 지내다 보니 내가 마을 사람들에게 상당히 의존하며 산다는 것을 알아차렸다. 도시와 달리 시골에서는 집 안의 이런저런 설비를 손볼 일이 있다 해도 당장 사람을 부를 수도 없다. 출장비를 준다 해도 올지 말지다. 그러면 어찌 사느냐고? 다 사는 법이 있다. 마을마다 손재주 좋은 사람, 즉 '맥가이버'가 한 명씩은 꼭 있기 때문이다. 나 역시 우리 동네 맥가이버 님에게 여러 차례 큰 도움을 얻었다. 그것 말고도 시골살이에 대해 아는 것이 하나도 없으니 뭐든 물어야 한다.

"멧돼지가 저희 집까지 내려올까요?"

"밤나무에 약을 쳐야 할까요?"

"저기 따다다다 하는 새가 혹시 딱따구리 맞습니까?"

"텃밭에 뭘 심으면 좋을까요?"

"재활용 쓰레기는 어떻게 처리합니까?"

"요기 요기 요 풀은 먹을 수 있는 건가요?"

산책을 하다 배추밭에서 배추를 뽑는 이웃을 만나 인사하면 어른 몸통보다 큰 배추를 쑥 뽑아 주거나 애호박 하나를 툭 따서 준다. 가축과 화초의 수호자인 '플로라 할머니'는 금낭화 모종을 주셨다. 그것이 뜰 한 귀퉁이에서 쑥쑥 자라 도로롱도로롱 꽃을 달았을 때는 정말로 행복했다. 이런 일을 겪을 때마다 모태 도시녀는 뭘로 갚아야 하나 고민인데, 그게 바로 도시인의 생각머리란 걸 이제는 안다. 언젠가 어떤 형태로든 갚을 길이 온다.

두 번째 맞았던 가을에는 난생 처음 과수원 일도 해 보았다. 바로 그런 게 내 나름의 갚음이었다. '화통 여사님'네 감밭에서 감의 꼭지 따는 일을 했는데, 일 잘한다는 칭찬을 들었다. 깨끗하게 관리된 아름다운 감밭에서 동산만 한 감 더미에 기가 눌린 채 이것이 정녕 목가적인 파라다이스인가, 했다. 같이 일한 '땅콩 언니'는 엠피쓰리로 관광버스 노래를 틀어 파라다이스에 배경 음악까지 더했다.

그 땅콩 언니가 어느 날 저녁 내 집 현관문을 쾅쾅 두드렸다. '아흐! 전화라도 한 통 하고 오지!'(역시 도시녀의 사고방식이다.) 땅콩 언니는 된장과 집간장을 나눠 주려고 온 김에 살아온 이야기까지 한보따리 풀고 갔다. 그날 나는 내가 이제 이웃과의 관계에서 어느 단계에 접어들었다는 걸 느꼈다.

이곳에 와서 보게 된 또 하나 놀라운 점은 자녀들이 부모를 돕는 모습이다. 웬델 베리는 미국의 시골에서 아이들이 사라져버린 것을 개탄하고 있고 한국도 그 점은 마찬가지지만, 우리 동네에서는 이삼십 대 청년들이 부모의 일을 이어 받아 농사를 짓는 가구가 몇 호 있다. 그리고 열네다섯 가구 중 유일하게 어린이가 있으면서, 놀랍게도 오 남매인 집의 외동아들은 이제 겨우 열네 살인데도 마운틴바이크를 타고 온 산을 부왕부왕 날아다닌다. 다 부모님 과수원 일 돕느라고 그러는 거다. 복잡하고 거대한 기계 위주의 농경으로 바뀌면서 자녀들이 농사에 참여할 기회가 사라졌다는 베리의 탄식은 적어도 이 동네에는 해당하지 않는다.

내가 아는 마을 사람들 대부분은 자신들이 소유한 땅에 지은 자신들의 집에서 산다. 그동안 내가 수집한 정보에 따르면 다수가 거기서 태어나고 자랐다. 그들에게서 나는 안정감과 자신감을 느낀다. 도시 사람들이 생각하듯이 시골 사람들은 절대 '순박'하지 않다. 적어도 내가 자주 접하는 우리 동네 사람들은 아주 세련되고 '쿨'한 사고를 하는 사람들이다. 땅콩 언니만 빼면 우리 집에 잠시 들러도 반드시 전화나 문자를 하고 오며, 이 문구 소설의 주인공들 뺨치게 재미있는 농담들을 툭툭 던지고,

모두가 내 것 네 것 나눌 때와 구별할 때를 확실히 안다. 정말 멋진 사람들 아닌가. 물론 우리 마을이 좀 특별할 수도 있지만, 나는 이런 정서가 그들이 뿌리 내린 땅에 대한 단단한 믿음에서 나왔다고 생각한다.

성인이 된 뒤로 줄곧 남의 집에서 살았으므로 내 땅, 내 집에서 산다는 것은 나에게 매우 낯선 일이다. 2년을 넘기고 나자 서서히 인정이 되었다. 그전에는 이게 정말 내 집인가 여기가 정말 내 땅인가, 문득문득 그런 생각이 들었고 땅을 소유한다는 개념에 정착하지 못했다.

베리가 그랬다. 비록 가진 땅이 적어도 경작할 땅만 있다면 그의 삶은 너무나 당당할 것이라고. '가진 재산이 대단하지 않아도 그 재산을 날마다 자신의 눈으로 바라본다'는 것이 어떤 것인지를 나는 머리털 나고 이제야 처음으로 깨닫고 있다.

에세이 열 편을 실은 이 책에서 베리는 토지, 숲, 에너지, 낙태, 테러 등 다양한 주제를 놓고 우리 인간이 저지르는 허위와 어리석음을 논의한다. 만일 내가 도시에서 계속 살았다면 그의 탄식과 문제 제기를 머리로만 받아들이지 않았을까, 스스로에게 물어보았다. 잘 모르겠다. 겸손해지고 싶다. 이제는 내가 외지인이라고 생각하지는 않지만 나는 아직 이곳에서 관찰자 같다는 느낌이 들기 때문이다. 그러나 '시골'이라는 곳에 들어와 살면서 나는 도시에서 살았을 때 느끼지 못하고 알지 못했던 정서와 깨달음을 매 시각 풍성하게 누리며 산다고 말할 수 있다.

베리는 사랑과 지식이 매우 밀접하게 연관되어 있어서 거의 동의어에 가깝다고 했다. 따라서 사랑하지 않는 것을 제대로 알거나 잘 알기는 불가능하고, 알지도 못하는 것을 사랑하는 것도 불가능하다고 말이다. 절대적으로 맞는 말이다. 사람들이 시골이라고 부르는 이곳에서 작고 소박하나마 내 소유의 땅에 내가 지은 집에서 살아 보니 그 말이 무슨 말인지 조금은 알 것 같다.

2017년 8월
배미영